「受験国語」害悪論

水島醉
認知工学

Discover

まえがき

国語教育は壁に打ち当たっています。同じ言語の教育でも、外国語である英語などの学習法が飛躍的に進歩しているのとは違って、国語教育はまったく停滞しています。それはなぜでしょうか。

国語教育は外国語教育とは異なり、単なる「日本語」という「語学教育」ではありません。どの言語においてもそうですが、母語の学習とは、「語学教育」以外のさまざまな要素を含んでいるからです。むしろ、単純な「語学教育」の要素より、その他の要素の方が、占めている割合は大きいといえます。

国語教育の中の、日本語という「語学教育」という部分については、日常の生活そのものが日本語という「語学教育」ですから、重要な要素ではあるものの大きな要素ではありません。学校の国語の学習時間の中でも、日本語という「語学教育」の占める割合は、非常に小さいものです。

学校の国語の時間に教えることの多くは、「語学」ではなくその「内容の読み取り」です。「内容の読み取り」とは、単にその文章に何が書いてあったかを理解するだけではなく、内容について共感し感動することです。あるいは、納得し、反論することです。

国語が単に日本語という「語学教育」だとしたら、それはかなり多くの部分を論理によって解説し指導することが可能になります。100%ではないながら、言語はそれ自身、論理的であろうとしているからです。

しかし、国語は「語学教育」の要素に加えて、内容理解であり、共感・反感など感動であり、納得・反論など意見陳述です。また、国語は黙考であり、創造です。さらに、国語は道徳・思想・情操教育でもあります。これらの部分については、論理以外の多くのさまざまな要素が複雑に絡み合って成り立っています。

「受験国語」という特殊な国語教育があります。進学塾などで行っている「長文切り抜き問題」や「論理」に偏向した指導法のことです。それは、小学校、中学校、高等学校などで行われている国語の授業とはまったく異なるものです。実際に、子どもの頃に進学塾に通っていた親御さんなら、その違いがよくわかるでしょう。

学校の「国語」と進学塾の「国語」は、同じ「国語」を名乗っていながら、まったく異なるものです。「似て非なるもの」という言葉がありますが、学校の「国語」と進学塾の「国語」は、かろうじて名前は同じですが、中身は「似て」さえもいません。だから、明確に区別するためにも、進学塾の「国語」には、「受験国語」などという別な名前をつけなければなりません。

「受験国語」の指導は、かつては「長文切り抜き問題」が主流でした。やっつけ講師がやっつけ問題集の問題を生徒に解かせて、その答え合わせをするだけの授業。やっつけ講師に「内容理解」「共感」「意見陳述」「黙考」「創造」など、国語の根幹に至る指導などできっこないからです。

「長文切り抜き問題」が「本当の国語力」を上げることなどありません。「本当の国語力など、とりあえずはいい。とにかく入試の点数さえ上がればいい」という親からの要望だとしても、「長文切り抜き問題」がその肝心の入試の点数に貢献したのかどうかさえもわからないと言っていいでしょう。

むしろ、それらを損なってしまう場合があるのでは、と指摘されるようになって、最近市販の問題集などは、「長文切り抜き問題」をなくす方向で、少しずつ改善されつつあります。

そういう時代の流れの中、「長文切り抜き問題」に代わって、また新たに「国語は論理だけで解ける」という新しいキャッチフレーズが登場しました。

従来の「国語力をうまく伸ばす方法はなかなかないんだ（だから読書しろ）」というテーゼに対する新しいアンチテーゼとして出てきた「国語は論理だけで解ける（だから国語力を明示的に伸ばす方法がある）」などという指導が、どうやら保護者の間や教育現場ではどんどん広がっているようです。

しかし、それに比例した明確な結果を出しているという話は、寡聞にして聞きません（宣伝文句は聞きますが）。

私は本書で、現在の国語教育の抱えている問題点を明確にし、「国語力をうまく伸ばす方法はない（だから読書しろ）」というテーゼと、「長文切り抜き問題（で入試の点数は上げられる）」や「国語は論理だけで解ける（だから国語力を明示的に伸ばす方法がある）」という新旧のアンチテーゼに対して、それらの問題点を正し、**「こうすれば本当に国語力が伸びるという方法」**（ジンテーゼ）を、できるだけ明確に、誰にでも実践できるような形で提示したいと思います。

「受験国語」害悪論　目次

第1章　「受験国語」は諸悪の根源である

第2章 本物の国語力をおうちで身につける方法

第1章
「受験国語」は諸悪の根源である

国語教育の変遷を振り返る

「読み・書き」から「長文切り抜き問題」へ

過去、「読み・書き・そろばん」と言われたように、日本における国語教育は、「読めること」「書けること」の二点においてなされてきました。

「読めること」については、日本が中国文化の強い影響を受けており、中国とのつき合いなしに国家の存続そのものが成り立たなかったゆえに、「漢文」の書き下し文の素読（音読）を中心に行われてきたようです。

場合によっては、それらの内容の読み取りについて、解説の講義もあったでしょう。しかし、内容の読み取りが国語教育の中に取り入れられたのは、明治の学制の施行からで、おそらくそれから徐々に進歩し、システマティックになっていったものと思われます。

現在の私たちが受けている新しい学校教育が始まったのは、第二次大戦以降のことです。その中心は、教科書を読んで、その内容にそっての解説授業です。

過去の学校の先生方による努力の積み重ねがあって、板書の方法、ノートのとらせ方、またそれぞれの文章について「この小説は、こういう順序に指導して、こういう理解に至らせる」など、指導の技法はある程度向上しました。しかし、行っている授業の指導方法の大枠については、大きな変化はありません。

「よい授業」とは、すなわち「よい先生の授業」であって、それは職人芸のようなものです。マニュアル化して誰にでもできるというものではありません。

だから、誰にでもあてはまる「国語力を効率よく伸ばす勉強法」などと問われても、「読書をすること」ぐらいしかよい返答ができないし、「そんなものはなかった」というのが、一番正しい答えになります。

中学受験熱が「長文切り抜き問題」を生んだ

受験熱、特に中学受験熱が過熱するようになった1990年代以降、学習内容の理解はともかく、テストの点数を上げる必要に迫られた結果、進学塾の出した答えが「とにかく

『長文切り抜き問題※』をさせればよい」でした。

それこそ、猫も杓子も中学受験をするような風潮になって、進学塾に通いたい子どもが2倍増、3倍増して、進学塾とその講師もそれに合わせて2倍増、3倍増しました。

※　長文切り抜き問題：長い元文章の一部分を切り抜いて、それを題材として設問をつけた問題。テストなどに使われている形式のもの。

一般的な国語の問題集の多くは、この「長文切り抜き問題」を集めたもの。すでにある程度の国語力を持つ学習者には有効な場合があるが、本質的な国語力を上げる役割はしておらず、そのための教材としては、ほとんど役に立たない。現在の国語力をはかるテストとしては有効である（以下「長切問題《ちょうきり》」と表記する）。

そんなに簡単に専門の指導者を養成できるでしょうか。いや、できません。それでも講師の数は増やさなければならない。形だけでも講師を増やさなければ、せっかく増えた生徒に対応できませんから。

これは、つまり、進学塾の講師の質が落ちた、ということにほかなりません。

算数（数学）は、講師自身の理解度が高ければ、比較的教えるのは易しいものです。算数（数学）は論理の積み重ねですから、基本的にはその過程を順に抜けなく教えればよいからです。

　国語は論理の積み重ねだけではありませんから、国語指導は算数（数学）指導に比べて、さらに難しいものです。本当に国語というものを体で理解している少数の講師が、何年も何年もかかって体得していくものです。


　進学塾ブームのなか、どうしても講師を増やさなければならない。「長切問題《ちょうきり》」を解かせる国語の授業は、熟練の国語の先生を確保できない進学塾が、ぽっと出の大卒生になんとか授業をさせる、なんとか保護者から苦情が来ない程度に授業の形を保つために編み出した方法です。それは、国語教育の本質からはまったく外れた方法です。

　もし「長切問題」を解かせることが国語の本質的な教授法であったならば、50年、100年の学校教育の中で、それを中心とした国語授業になっていなければおかしいでしょう。

　国語の深い理解にはどうしても欠かすことのできない、「読書をさせる」という方法が本質なのにもかかわらず、保護者の納得が得られにくいから、進学塾では重視しない。目に見える指導としての「長切問題」を、国語指導の中心としたのです。

「長切問題」でむしろ国語力が下がった

しかしながら、これだけ進学塾で「長切問題」を解かされたところで、結局、誰も国語力は上がりませんでした（潜在的に持っている国語力を顕在化させて点数化する働きは「長切問題」にもあります。だから「受験」という目標のためには、もちろんそれがまったく不要だというわけではありません）。

中学受験ブームが至って久しいのですが、「長切問題」を解いてきたことが理由で根本的な国語力が上がった、というデータも確かな情報もありません。国語の指導力の高い良心的な先生方の間でささやかれているのは、**「『長切問題』を解かせることで、むしろ国語力が下がった」**という話です。

国語力の本質である「読書」が過剰な受験熱の中で軽視され、「長切問題」ばかりさせられたため、つまり受験のためだけの「ニセの国語教育」が横行したため、現在、子どもたちの間で記述力、論理的説明力などの、社会に出てどうしても必要な国語力の不足が起こっていると私は考えています。

「長切問題」から「論理で解ける」へ

私は20年来、「『長切問題』は、ほとんどの場合、国語力を高めない。熟練の指導者が、ある程度以上の国語力がある生徒に対して慎重に使う場合を除いて、かえって国語力を落とす」と言い続けており、その論が『国語力のある子どもに育てる3つのルールと3つの方法』(ディスカヴァー刊)などで、比較的世間に広まった結果、「長切問題」は、この10年で明らかに少なくなったようです。

私の教室に来られているお母さん方からも、「あの有名な個別指導の教材も『長切問題』をやめましたよ」「あの進学塾も、物語一作全文を読ませる教材にしましたよ」と教えていただいています。

へえ、そうなんですか。そうなんですね。それはとても結構なことです。

今でもその傾向は続いているようで、このトレンドは当分変わらないでしょう。「長切問題」は子どもの国語力を上げない(下げる)問題なのですから、淘汰されて必要最小限になっていくのは必然です。

私が「長切問題」の問題点を指摘し、それが学校の国語の先生方の間で共有されるようになってしばらくした頃、２０００年代前半頃から、「長切問題」に代わって「論理的解法」を全面に打ち出した国語問題集、参考書が出てくるようになりました。

それは、おそらく私の「『長切問題』批判」に対する一つの反論であるのでしょう。「うちの塾（予備校）では、やみくもに『長切問題』を解かせてるのではありませんよ。『論理的』な解法を教えていますよ（だから、「長切問題」も悪くはないのですよ）」という主張（言い訳）です。

でも、私に言わせれば、「長切問題」を解かせている以上は、どんな理屈をくっつけたところで、子どもの本質的な国語力を上げていないのは同じことです。

とはいえ、論理的思考というのは学習を進めていくうえでも、長い人生、生きていくうえでも絶対に必要なことですから、私の「『長切問題』批判」とは関係なく、国語指導に関して「論理」を重視する姿勢が見られるようになってきたというのは正しいでしょう。

国語に限らず、すべての思考は母語（日本人なら日本語）に依拠しています。だから、現代日本人に論理的思考力が不足しているというのであれば、その原因は国語学習における論理力訓練の不足であると考えられたのでしょう。それは私も正しいと考えます。

しかし、「論理力の不足は、国語学習における論理的思考の訓練の不足が原因の一つである」という考えは正しいのですが、その逆である「国語力の不足は、論理力の不足が原因である」という考えは正しくありません。

雨が降ったら傘をさしますが、傘をさしたら雨が降るわけではありません、ドラえもんの道具ではないのですから。因果が反対なのです。逆は必ずしも真ならず、です。

いずれにせよ、「国語は論理で解ける」という考え方には、私は賛同できません。結局、「論理で解ける問題集」というものも、私が見たところ「長切問題」の集合でしかありません。

私が、このことをブログ等で指摘するようになって以降、「論理」を売りにしている問題集も「長切問題」をやめて、一つの完結した文章から設問をつくるようになってはきたようです。

私は、人が「論理的」であること、論理的思考力を鍛えること自体を否定しているわけではありません。「論理」が人間の思考の大きな部分を占めていることは事実です。

また、言葉を論理的に捉えようとする考え方（たとえば、【植物 ∪ 双子葉類 ∪ アサガオ】など、集合における単語のヒエラルキーの上下関係を摑むこと）や、文を論理的に捉えようとする考え方（文法、修飾被修飾の関係を理解すること）は、国語力の一部分として、正しいものだと考えています。ただし、それは「一部分」であって、「論理を鍛えれば、必ず国語力が伸びる」わけではないのです。

このことについては、64ページ以降でくわしく見ていきます。

「長切問題」とその弊害

では、まず「長切問題」がいかに害悪の大きいものか、みなさんにお話ししていきたいと思います。

私が言う「長切問題」とはどういう問題か。それは、長い文章の前後を切り取った一部分を、国語の問題用の文章としておき、それについて数題の質問を設けたものです。

テストはほとんどの場合、この「長切問題」で、またいわゆる問題集も、ほとんどがこの「長切問題」形式です。

具体例を示すと、以下のような形式のものです。お父さま、お母さま方も、昔解かれたことがあるでしょう。今、それがどういうものかを確認していただくために、できれば実際に解いてみてください。

喜助《きすけ》はことばをついだ。「お恥《は》ずかしい事《こと》を申《もう》し上《あ》げなくてはなりませぬが、わたくしは今日《こんにち》まで二百文《にひゃくもん》という①お足《あし》を、こうしてふところに入《い》れて持《も》っていたことはございませせぬ。どこかで仕事《しごと》に取《と》りつきたいと思《おも》って、仕事《しごと》を尋《たず》ねて歩《ある》きまして、②それが見《み》つかり次第《しだい》、③（　　）働《はたら》きました。そしてもらった銭《ぜに》は、いつも右《みぎ》から左《ひだり》へ人《ひと》手《で》に渡《わた》さなくてはなりませなんだ。それも現金《げんきん》で物《もの》が買《か》って食《た》べられる時《とき》は、わたくしの工面《くめん》のいい時《とき》で、たいていは借《か》りたものを返《かえ》して、またあとを借《か》りたのでございます。それが※お牢《ろう》にはいってからは、仕事《しごと》をせずに食《た》べさせていただきます。わたくしはそればかりでも、※お上《かみ》に対《たい》して済《す》まない事《こと》をいたしているようでなりませぬ。それにお牢《ろう》を出《で》る時《とき》に、この二百文《にひゃくもん》をいただきましたのでございます。こうして相変《あいか》わらずお

上《かみ》の物《もの》を食《た》べていて見《み》ますれば、この二百文《にひゃくもん》はわたくしが使《つか》わずに持《も》っていることができます。お足《あし》を自分《じぶん》の物《もの》にして持《も》っているということは、わたくしにとっては、これが始《はじ》めでございます。島《しま》へ行《い》ってみますまでは、どんな仕事《しごと》ができるかわかりませんが、わたくしはこの二百文《にひゃくもん》を島《しま》でする仕事《しごと》の本手《もとで》にしようと楽《たの》しんでおります。」こう言《い》って、喜助《きすけ》は口《くち》をつぐんだ。

庄兵衛《しょうべえ》は「うん、そうかい」とは言《い》ったが、聞《き》く事《こと》ごとにあまり意表《いひょう》に出《で》たので、これもしばらく何《なに》も言《い》うことができずに、考《かんが》え込《こ》んで黙《だま》っていた。

庄兵衛《しょうべえ》はかれこれ初老《しょろう》に手《て》の届《とど》く年《とし》になっていて、もう女房《にょうぼう》に子《こ》どもを四人《よにん》生ませている。それに老母《ろうぼ》が生《い》きているので、家《いえ》は七人暮《ななにんぐ》らしである。平生人《へいぜいひと》には※吝嗇《りんしょく》と言《い》われるほどの、※倹約《けんやく》な生活《せいかつ》をしていて、衣類《いるい》は自分《じぶん》が役目《やくめ》のために着《き》るもののほか、※寝巻《ねまき》しかこしらえぬくらいにしている。④（　　）不幸《ふこう》な事《こと》には、妻《つま》をいい※身代《しんだい》の商人《しょうにん》の家《いえ》から迎《むか》えた。そこで女房《にょうぼう》は夫《おっと》のもらう⑤扶持米《ふちまい》で暮《く》らしを立《た》ててゆこうとする善意《ぜんい》はあるが、ゆたかな家《いえ》にかわいがられて育《そだ》った癖《くせ》があるので、夫《おっと》が満足《まんぞく》するほど手元《てもと》を引《ひ》き締《し》めて暮《く》らしてゆくことができない。ややもすれば月末《げつまつ》になって勘定《かんじょう》が足《た》りなくなる。⑥（　　）女房《にょうぼう》が内証《ないしょ》で里《さと》から金《かね》を持《も》って来《き》て※帳尻《ちょうじり》を合《あ》わせる。⑦それは夫《おっと》が※借財《しゃくざい》というものを毛虫《けむし》のようにきらうからである。そういう事《こと》は所詮《しょせん》夫《おっと》に知《し》れずにはいない。庄兵衛《しょうべえ》は五節句《ごせっく》だと言《い》っては、里方《さとかた》から物《もの》をもらい、子《こ》どもの七五三《しちごさん》の祝《いわ》いだと言《い》っては、里方《さとかた》から子《こ》どもに衣類《いるい》をもらうのでさえ、心苦《こころぐる》しく思《おも》っているのだから、暮《く》らしの穴《あな》をうめてもらったのに気《き》がついては、いい顔《かお》はしない。格別平和《かくべつへいわ》を破《やぶ》るような事《こと》のない羽田《はねだ》の家《いえ》に、おりおり波風《なみかぜ》の起《お》こるのは、これが原因《げんいん》である。

庄兵衛《しょうべえ》は今喜助《いまきすけ》の話《はなし》を聞《き》いて、喜助《きすけ》の身《み》の上《うえ》をわが身《み》の上《うえ》に引《ひ》き比《くら》べてみた。⑧喜助《きすけ》は仕事《しごと》をして給料《きゅうりょう》を取《と》っても、右《みぎ》から左《ひだり》へ人手《ひとで》に渡《わた》してなくしてしまうと言《い》った。いかにも哀《あわ》れな、気《き》の毒《どく》な境界《きょうがい》である。しかし一転《いってん》してわが身《み》の上《うえ》を顧《かえり》みれば、彼《かれ》と我《わ》れとの間《あいだ》に、はたしてどれほどの差《さ》があるか。自分《じぶん》も上《かみ》からもらう扶持米《ふちまい》を、右《みぎ》から左《ひだり》へ人手《ひとで》に渡《わた》して暮《く》らしているに過《す》ぎぬではないか。彼《かれ》と我《わ》れとの相違《そうい》は、いわば十露盤《そろばん》の桁《けた》が違《ちが》っているだけで、喜助《きすけ》のありがたがる二百文《にひゃくもん》に相当《そうとう》する※貯蓄《ちょちく》だに、こっちはないのである。

⑨（　　　）桁《けた》を違《ちが》えて考《かんが》えてみれば、※鳥目二百文《ちょうもくにひゃくもん》をでも、喜助《きすけ》がそれを貯蓄《ちょちく》と見《み》て喜《よろこ》んでいるのに無理《むり》はない。⑩その心持《こころも》ちはこっちから察《さっ》してやることができる。しかしいかに桁《けた》を違《ちが》えて考《かんが》えてみても、不思議《ふしぎ》なのは喜助《きすけ》の欲《よく》のないこと、足《た》ることを知《し》っていることである。

喜助《きすけ》は世間《せけん》で仕事《しごと》を見《み》つけるのに苦《くる》しんだ。それを見《み》つけさえすれば、⑪（　　　）

働《はたら》いて、⑫ようよう口《くち》を糊《のり》することのできるだけで満足《まんぞく》した。そこで牢《ろう》に入ってからは、今《いま》まで得《え》がたかった食《しょく》が、ほとんど天《てん》から授《さず》けられるように、働《はたら》かずに得《え》られるのに驚《おどろ》いて、生《う》まれてから知《し》らぬ⑬満足《まんぞく》を覚《おぼ》えたのである。

庄兵《しょうべ》衛《え》はいかに桁《けた》を違《ちが》えて考《かんが》えてみても、ここに⑭彼《かれ》と我《わ》れとの間《あいだ》に、大《おお》いなる※懸隔《けんかく》のあることを知《し》った。自分《じぶん》の扶持米《ふちまい》で立《た》ててゆく暮《く》らしは、おりおり足《た》らぬことがあるにしても、たいてい※出納《すいとう》が合《あ》っている。手《て》いっぱいの生活《せいかつ》である。しかるにそこに満足《まんぞく》を覚《おぼ》えたことはほとんどない。常《つね》は幸《さいわ》いとも不幸《ふこう》とも感《かん》ぜずに過《す》ごしている。しかし心《こころ》の奥《おく》には、こうして暮《く》らしていて、ふいと※お役《やく》が御免《ごめん》になったらどうしよう、大病《たいびょう》にでもなったらどうしようという※疑懼《ぎく》が潜《ひそ》んでいて、おりおり妻《つま》が里方《さとかた》から金《かね》を取《と》り出《だ》して来《き》て穴《あな》うめをしたことなどがわかると、⑮この疑懼《ぎく》が意識《いしき》の※閾《しきい》の上《うえ》に頭《あたま》をもたげて来《く》るのである。

いったいこの懸隔《けんかく》はどうして生《しょう》じて来《く》るのだろう。ただ上《うわ》べだけを見《み》て、それは喜助《きすけ》には身《み》に※係累《けいるい》がないのに、こっちにはあるからだと言《い》ってしまえばそれまでである。しかしそれはうそである。よしや自分《じぶん》が一人者《ひとりもの》であったとしても、どうも喜助《きすけ》のような心《こころ》持《も》ちにはなられそうにない。⑯この根底《こんてい》はもっと深《ふか》いところにあるようだと、庄兵《しょうべ》衛《え》は思《おも》った。

⑰庄兵衛《しょうべえ》はただ漠然《ばくぜん》と、人《ひと》の一生《いっしょう》というような事《こと》を思《おも》ってみた。人《ひと》は身《み》に病《やまい》があると、この病《やまい》がなかったらと思《おも》う。その日《ひ》その日《ひ》の食《しょく》がないと、食《く》ってゆかれたらと思《おも》う。万一《まんいち》の時《とき》に備《そな》えるたくわえがないと、少《すこ》しでもたくわえがあったらと思《おも》う。たくわえがあっても、またそのたくわえがもっと多《おお》かったらと思《おも》う。かくのごとくに先《さき》から先《さき》へと考《かんが》えてみれば、人《ひと》はどこまで行《い》って⑱踏《ふ》み止《とど》まることができるものやらわからない。それを今目《いまめ》の前《まえ》で⑲踏《ふ》み止《とど》まって見《み》せてくれるのがこの喜助《きすけ》だと、庄兵衛《しょうべえ》は気《き》がついた。

庄兵衛《しょうべえ》は今《いま》さらのように驚異《きょうい》の目《め》をみはって喜助《きすけ》を見《み》た。この時《とき》庄兵衛《しょうべえ》は⑳空《そら》を仰《あお》いでいる喜助《きすけ》の頭《あたま》から※毫光《ごうこう》がさすように思《おも》った。

（森鷗外「高瀬舟」より）

お牢…牢屋。今の刑務所　お上…ここでは幕府のこと　吝嗇…けち　倹約…節約　寝巻…寝る時に着る服。パジャマ　身代…財産があること　帳尻…お金の勘定。決算　借財…借金　貯蓄…貯金　鳥目…お金　懸隔…へだたり。差　出納…お金の出入り。収入と支出　お役が御免…仕事をやめさせられること。クビ　疑懼…不安　閾…境目。境界線　係累…自分が面倒を見なければならない親や妻や子どもなどのこと　毫光…仏様の眉間《みけん》から出る光。仏の知恵のたとえ

問一

1　——線①「お足」とは、どういう意味ですか。同じ意味を表す言葉を、文中より3字以内で書き抜いて答えなさい。

2　また、同じ意味で使われる「足」という漢字を使った慣用句を一つ書きなさい。

（　　　　　　　　　　　　　　　　）

問二　——線②、⑦の「それ」、——線⑩「その心持ち」、および——線⑮「この疑懼」は、それぞれ何を指していますか。②は文中より3字以内で書き抜きなさい。⑦は文中の言葉を使って、20字以内で答えなさい。⑩は「(誰) の (どのような) 心持ち」という形で答えなさい。⑮は文中の言葉を書き抜いて答えなさい。

②

⑦

⑩（　　　　　　　）の（　　　　　　　）心持ち

⑮（　　　　　　　　　　　　　　　　　　）

問三　――線③と⑪には、同じ言葉が当てはまります。適当なものを次のア～エから選んで、記号で答えなさい。

ア、骨折り損で　イ、骨抜きにされて　ウ、骨の髄まで　エ、骨を惜しまずに

（　　　　　　）

問四 ――線④、⑥、⑨にはいる適当な接続語を、次のア〜エから選んで、記号で答えなさい。

ア、しかも　イ、さて　ウ、しかし　エ、すると

④（　　）⑥（　　）⑨（　　）

問五 ――線⑤「扶持米」と同じ意味の言葉を、文中より漢字2字で書き抜いて答えなさい。

□□

問六 ――線⑧「喜助は仕事をして……なくしてしまうと言った」とありますが、これを聞いた庄兵衛が、それを自分の身に置き換えて考えている部分があります。その部分を文中より35字以内で書き抜いて答えなさい。

問七　――線⑫「ようよう口を糊する」とはどういう意味ですか。次のア～エから選んで記号で答えなさい。

ア、十分豊かな生活ができる　イ、なんとかぎりぎり生活できる
ウ、暗くてみじめな生活をする　エ、貧しいが楽しい生活をする

（　　）

問八　――線⑬「満足を覚えた」とありますが、これと同じ意味で使われている言葉を、文中より10字で書き抜いて答えなさい。

問九　——線⑭「彼と我れとの間に、大いなる懸隔のあること」について。

□□□□□□□□□□

1　「彼」と「我れ」とは、それぞれ誰のことですか。文中より書き抜いて答えなさい。

彼…（　　　　　）　我れ…（　　　　　）

2　——線⑭の内容を、次の□に合うように文中の言葉を書き抜いて説明しなさい。

□□□□□□□□□□

「彼」は、世間では、□□□□□□□□□していて、□に入ってから

は□□□□□□□□られることに□□してい
る。それにひきかえ「我れ」は、□□□で立てている生活がたいてい
□□が合っているにもかかわらず、□□□□□□□
□□□□□□□□。

問十　——線⑯「この根底はもっと深いところにある」とはどういうことですか。自分で考えて答えなさい。

（　　　　　　　　　　　　）

問十一　——線⑰「庄兵衛はただ漠然と、人の一生というような事を思ってみた。」とありますが、庄兵衛が思った内容はどこからどこまでですか。その最初と最後の5字

を書き抜いて答えなさい。

最初 [ ] [ ] [ ] [ ] [ ] ～最後 [ ] [ ] [ ] [ ] [ ]

問十二 ――線⑱「踏み止まる」、⑲「踏み止まって」とありますが、何を踏み止まるのですか。文中より漢字1字で書き抜いて答えなさい。

[ ]

問十三 ――線⑳「空を仰いでいる喜助の頭から毫光がさすように思った。」のは、庄兵衛が喜助に対してどのような気持ちを持っているからですか。自分で考えて答えなさい。

（　　　　　　　　　　）

■解答

問一

1　銭・鳥目　（「二百文」ではない。）

2　足が出る　など

問二

②仕事

⑦女房が内証で里から金を持って来ること

⑩喜助（の）お上からもらったわずか二百文を貯蓄だと思って喜ぶ（心持ち）

⑮ふいとお役が御免になったらどうしよう、大病にでもなったらどうしようという疑懼

問三　エ

問四　④　ウ　⑥　エ　⑨　イ

問五　給料

問六　自分も上からもらう扶持米を、右から左へ人手に渡して暮らしているに過ぎぬ（35字）

問七　イ

問八　足ることを知っている

問九

1　彼…　喜助　　我れ…　庄兵衛

2　「彼」は、世間では、ようよう口を糊することのできるだけで満足していて、牢に入ってからは仕事をせずに食べられることに満足している。それにひきかえ「我れ」は、扶持米で立てている生活がたいていい出納が合っているにもかかわらず、満足を覚えたことはほとんどない。

問十　喜助と自分（庄兵衛）との違いは、家族があるかないかではなく、二人の心の奥の考え方の違いから生じたものであるということ。

問十一　（最初）人は身に病〜（最後）らと思う。

問十二　欲

問十三　自分（庄兵衛）が達することのできない境地にいる喜助に対して、（尊い・畏れ多い・敬う）気持ちを持っているから。

　このような問題を「長切問題」といいます。要するに、テストなどに出される形式の問題のことです。難関中学の入試ですと、この程度の問題で7割ぐらい正答しないと合格しないでしょう。

　親御さん方、解いてみられていかがでしたか。大人なら9割以上は正解しないといけません、などとプレッシャーをかけておきましょうか（笑）。

いきなり「実戦問題」をさせるのは暴挙の極み

これは、実戦本番、テストに出題されるような形式の問題です。算数（数学）の実戦本番の問題なら、いきなりボンと図形が書いてあって、その中の一部の長さや角度などの数値を求める問題が書かれているでしょう。

スポーツなら、実戦は試合のことです。練習でする試合形式の模擬マッチ、あるいは練習試合が、国語なら「長切問題」に相当します。

算数の場合、いきなり複雑な図形を見せられて、「この部分の長さを求めなさい」などという勉強の方法があるでしょうか。

スポーツの場合も、ランニングも筋トレもなし、パスやドリブルの基礎練習もなしで、ただ模擬マッチ、練習試合だけをするようなトレーニングなど、あるでしょうか。

絶対にありませんね。

算数の図形の問題なら、まずは単純な、その部分のみを説明した易しい図があって、それで解き方の基礎を学んで、そして少しずつ複雑な図形へと進んでいくでしょう。当然、それらの前に、計算が速く正確にできるようになっていなければなりません。

スポーツなら、ランニングに筋トレに、瞬発力をつける訓練やフェイントをかける訓練など、球技であってもボールを持たない練習は数限りなくあります。また、ボールを持っても、パス、ドリブル、シュートなどなど、さまざまな場面を想定しての練習をしますね。それも基礎であればあるほど、みっちり練習することでしょう。

試合形式の模擬マッチなど、全体の練習量からするとわずかな割合のはずです。

普通は、これらのように、基礎の練習、体力をつける訓練などが、全体の練習の大きな部分を占めています。

にもかかわらず、国語だけは実戦形式の「長切問題」をひたすらさせるのが、多くの進学塾の授業方法なのです。

先の「長切問題」を、よーく見てください。何度も何度も読んでみてください。本当にこのような問題を演習することによって、国語力が伸びると思われますか。

親御さん方も、自分で人生を切り開いてここまで来られたわけです。人に左右されない、騙されない、それなりの「目」を持って、数十年の道を歩んでこられたはずです。

その「目」でよーくよーく、この「長切問題」をしっかりながめてください。真剣に読み込んでください。これが、本当に、子どもの国語力を上げる教材ですか。

「実戦形式の問題をさせるのが、当然、実戦（入試本番）のためによいのだ」と進学塾では言うでしょう。

それは明らかにウソです。もし「実戦形式の問題」がよいというのなら、他の科目、算数も理科も社会も、テストと同じ形式の問題をひたすら解かせるのが、最もよい指導なのだということになります。

でも、そうではありませんよね。算数も理科も社会も、テストに出題される形式の問題を、ひたすら解かせるというような授業は、どの進学塾も行っていないはずです。

しかし、国語だけはテストに出題される形式の「長切問題」が、指導の中心となる。これはおかしなことではないでしょうか。

本当の国語力とは？

学校では、まず文章を読ませるところから始まり、場面ごとに事実をとらえ、情景を判断させ、心情を読み取らせるなどの指導をします。また文章全体より、作者の問題提起、その文章のテーマを読み取らせる、などというような授業をします。

果たして作者は、その文章で読者に何を訴えたかったのか。その作品の感動の中心はどこなのか。一方的に定型の解釈を教え込むのではなく、幅を持たせたさまざまな解釈の可能性も含めて、生徒に考えさせ感じさせる授業をしているでしょう。

これは、文学というものを理解するためにはどうしてもしなければならない本質的な指導です。でも、その指導はとても大変で、その授業にかける準備も先生のスキルも、非常にレベルの高いものが要求されます。

本当の国語指導では、スキルの高い先生が十分準備をしたうえで、時間をかけて文章を深く耕すという作業を生徒にさせるのです。

しかし、進学塾の国語授業は、学校の授業の何分の一かの時間で答えを書くという作業を教えなければなりません。つまり、考えさせないで答えを教える。あるいは、正答に至る過程の解説をするのです。

とにかく、答えが書ければいいわけですから、その文章の表層をできるだけ速く浅く削ぎ取る方法を教えるのです。あるいは、学校で深く耕されてできた実りだけ、ごそっと盗みとっていくと言ってもいい。進学塾での指導は、基本的には「長切問題」の解答解説ですから、すでに存在している答えをどう探すか、という授業にならざるを得ません。

本当の国語とは、自分で考え感じ、自分なりの解釈を得ることです。だから、本質的な国語の授業では、唯一無二の答えというものは与えません。「こういう解釈もある」「そういう見方もできる」という指導になります。

しかし進学塾では、国語の答えは算数と同じ、必ず一つにならなければならないのです。なぜなら、入試の問題で高得点を取ることだけが目的だから、正答と想定された答えにたどり着くことだけが目的だからです。「それも正しい」「そういう解釈もできる」など、複数の正答などあり得ないのです。

よく考えてみてください。人生にただ一つの正答などあるでしょうか。「生きていく」

ということは、道のない道を歩いていくようなものです。「答え」のない問題を解くようなものです。

人生において本当に必要な力は、すでにある答えを探すことではなく、模範解答などない中から、自分なりの答えを考えだすことではないでしょうか。

すでにある答えを探すことも、能力としては必要なことですし、勉強としてそういう訓練をする必要はあるでしょう。すでにある答えを探す方法は、たとえば帰納法であり演繹法であり、それら「論理的思考」は非常によい武器となります。

また論理的ではない試行錯誤、あてずっぽうで探すという方法を取らなければならないときもあるでしょう（後にそれが正しいかどうかを論理的に証明する必要があります）。それはそれで、人間にとって必要な能力であるし、それを否定するものではありません。

しかし、人間の能力はすでにある答えを探し出す能力だけでは不十分です。私たちの親や祖父母は、みんなそれぞれ道のない道を歩き、「答え」のない問題を解いてきました。

子どもたちの未来にも、定まった「答え」はありません。もちろん「解き方」や「公式」もありません。

「すでにある答えを探す」クセだけがつくと取り返しがつかない

人間がはるかに及ばない、素晴らしい速さで計算を行うコンピュータでさえ、「解き方」のない問題を解く力はありません。コンピュータに、行間を読み取ったり、書かれていない感情を慮ったりすることはできません。それは、国語の問題が論理的なアルゴリズム（問題を解く手順）だけでは解けないことの証明でもあります。

私たちの後を継いで世界の明日を支えていく子どもたちにもっとも必要な、そして今、**社会でもっとも求められているのは、この「解き方」も「公式」も「答え」すらもない問題を解いていく力**だと、私は確信しています。それを鍛えてくれるのが「国語」です。

それを、国語もまるで学校算数（学校数学）などと同じように解き方（論理的解法）があるかのような指導をされていると、子どもは本当に「国語も論理だけで解ける」と信じ込んでしまいます。そして、答えのない問題から自分で自分なりの答えをひねり出すという力を失ってしまいます。

（本当は、算数（数学）の問題にも、答えのない問題、解けない問題はたくさんあります。

だから、「解けない問題がある」ということを、学校算数（学校数学）ではもっと教えるべきではないかと、私は考えています。）

「受験という人生のある一瞬間を乗り越えるための方便」として、「答えのある国語の問題の、答えを探し出す方法を訓練するのも悪くない」とお思いの親御さんもいらっしゃるでしょう。

そう割り切って「受験のためだから」として、「長切問題」の答えを探すテクニックを身につけるのも必要だとお考えの方もいらっしゃるでしょう。

それは、きちんと本物の国語力が身についた「大人」に対して訓練するのであれば問題ありませんし、一つの正しいことだと私も考えます。だから、すでに本物の国語力のついている高校生に、大学受験の国語を解くために「論理的解法」というものを指導しても、なんら問題ないでしょう。「入試対策」としては正しいことだと考えます。

しかし、まだしっかりと自分の考えをまとめる、自分の答えをつくり上げる、という能力のない小学生や中学生に、すでにある答えを探させる、というような方法を国語の指導として行うと、取り返しのつかないことになる可能性が大きいのです。

いったん身についてしまったクセというものは、なかなか直すことができません。進学塾で、文章の中から答えの言葉を探す、などというクセのついてしまった子どもに、正しい国語力をつけるのは、本当に至難のワザなのです。

進学塾で国語力をダメにされた子どもを、私はもう何人も何人も見てきています。それを直すために、私がどれだけ苦労したか。みなさんはそういうご経験がないから、お分かりにならない（笑）。

親御さん自身が、国語は文章の中から答えを探す勉強だ、と（無意識にでも）思い込んでいらっしゃる場合、つまり親御さん自身がすでに進学塾などで、そういう指導をされてしまっている場合、子どもが国語の考え方として、文中から答えを探すような間違ったことをしていたとしても、それが間違っているということに、親御さん自身が気づかない。

何が本物の国語力かということが分からないから、今自分の子どもが、そういう間違った指導をされていても、それが間違っているということに気がつかないのですね。これは重症です。

親御さん自身は、本物の国語力を持っていて、国語というものは自分で考えて自分なりの考え、解釈を生み出すことだ、と知っていらっしゃる場合でも、畑の表面を浅く削ぎ取るような進学塾の指導について「これが受験に対応するための、最もよい指導なのですよ」と言われると、ああそういうものなのかな、と信じてしまうものです。大手進学塾の宣伝はとても巧みですから、それは理解できないことではありません。

しかし、それは真実ではありません。たとえ受験に対応するためであっても、理解を抜きにして学習がよく進むことはありません。「長切問題」を中心とした進学塾の国語授業は間違っていると、私ははっきりと申しておきます。

くり返しますが、私はもう20年来「『長切問題』はよくない」と言い続けています。最初のうちは誰にも相手にされなかったものが、こうして本を出版させていただいて、教育雑誌の取材にも来ていただいて、その認識が少しずつ世間に広まるにつれて、いくつかの国語教材が「長切問題」をやめて、元文章の全文を掲載する形式に変えています。

いくつかの学習塾でも、指導方針を変更して、「長切問題」を控えるようになってきています。

「銀の匙」という文学作品を用いて「長切問題」とはまったく正反対のよい授業をなさっ

ていたことで有名な灘中学の橋本武先生にあやかって、「銀の匙」式授業と銘打ったクラスを始めた塾もあります。

なぜ進学塾では「長切問題」ばかりやらせるのか

それでも、多くの進学塾では、やはり「長切問題」を解かせることが中心の授業が行われているようです。それはどうしてなのでしょうか。

先に述べた「レベルの高い熟練の先生が必要ない」という塾の経営者側の理由以外に、理由は二つ考えられます。一つは「長切問題」を用いた授業は見栄えがよく、生徒にとって楽だからです。

体育を例にしてみましょう。学校のサッカーの授業で、ある先生はボールを持たせる前に、まず体力アップのためのランニングや筋力トレーニングをみっちりさせます。ボールを持つ前には、ステップの練習、ターンの練習。ボールを持たせても、まずは右足のインサイドキックによるパスの練習、次は左足で同じ練習。パスが続くようになったら別のキックの練習。またドリブルの練習などなど、基礎練習をきっちりとさせます。
ところが、別の先生は体力アップや基礎技術のトレーニングはそんなに行わずに、すぐに試合をさせてくれる。

生徒はどちらを喜ぶでしょうか。もちろん後者、試合を中心にさせてくれる先生でしょう。もし、どの先生の授業を選択するか生徒自身が決められるという制度であったなら、しんどい体力トレーニング、基礎トレーニングをさせる先生より、試合だけをさせてくれる先生を選ぶ生徒が大多数ではないでしょうか。

でもそれは、その授業がよい授業かどうかということとは、別の話です。生徒が先生を選ぶのは、たんなる人気投票にすぎず、生徒の好き嫌いが、先生の指導の善し悪しとは、直接にはつながっていません。この体育の先生の例でなら、本当にサッカーの力をつけてくれるのは体力、基礎トレーニングからみっちりさせる先生の方でしょう。

概して、楽な練習は実りの少ない練習です。厳しくつらい練習こそが自分を向上させてくれる練習です。**勉強も同じで、楽な勉強は概してよくない勉強方法です。**

もう一つの理由は、先生にとって楽だからです。

授業で「長切問題」を用いると、先生にとってほとんど負担がない。先に文章と問題が用意してあって、講師はそれを生徒に配るだけ。あとは時間を計って、決まった時間になったら、答え合わせをする。解説は、その問題に付属している解答集のとおり生徒に話せばよろしい。

あるいは、ご丁寧に先生用の解説集のついている「長切問題」もあります。これなら、誰にでも国語の講師ができますね。

そう、実際にそうなのです。「長切問題」を使う限り、誰にでも国語の講師ができます。

進学塾では基礎を鍛えられない

現在の学校と塾の関係は、先ほどの体育の二人の先生の関係と非常によく似ています。

学校では、当然ですが、基礎から本質的な理解をさせようという指導をします。それが本当に生徒の力を上げる、生徒の力を伸ばすことにつながっているからです。でも、そういう授業は地味で、生徒の受けもよくありません。

国語の例でいうと、学校では文章をしっかり読み込んで、内容を理解させ、それを自分の言葉で述べさせることができるように、時間をかけて基礎から深く耕すような学習をさせます。それは、体力アップや基礎トレーニング、パスやドリブルを地道に教えるような、一見泥臭いけれども、確かに実力のつく指導です。

基礎の部分を鍛えるということは、後に必ずよい結果を生むのは間違いのないことなのですが、基礎体力トレーニングや筋力トレーニングと同じで、すぐには結果が表れにくく、たとえば受験などに直接つながっているようには見えないのです。

だから、生徒も親も好まない。特に、模擬テストの点数などの数字にすぐに反映されない指導については、親がそれを好まないのです。

一方、塾は仮にも子どもが伸びたような様子を親に見せればよいのですから（確かに「長切問題」をさせれば、一瞬の成績は上がる場合もある）、実力はついていないのに、その場の一瞬の点数が上がったような指導のしかたをするのです。

つまり、塾は基礎トレーニングなしにいきなり試合だけさせるようなものです。文章をしっかり読ませ、場面場面で深く考えさせ、そして自分の言葉で述べさせるというような、本当に大切な指導を一切省いて、いきなり問題を解かせる。「長切問題」を解かせるというのは、そういうことです。

子どもは、親は、試合（長切問題）だけをさせる塾を見て、学校よりこの方がよいと考えるのでしょう。錯覚してしまうのです。

言い方は悪いのですが、親御さんは学習指導に関しては素人ですから、「長切問題」を解かせる授業を、よい授業だと思ってしまうのでしょう。

塾で「長切問題」ばかりさせられている子どもは、学校の授業を「かったるいもの」だと思う。いつも試合ばかりしていれば、体力アップや基礎トレーニングなど本当に大切な訓練をつまらないものとしか思えなくなる。そういう子どもが半分もいれば、学校の授業は成り立ちません。

「秋田式」が都会ではできない理由

こういうデータがあります。文部科学省が行った全国学力テスト（２０１４年）において、秋田県が全国1位でした。また、通塾率の最も低い県も、同じく秋田県です。同時に、所得の多い（塾など教育にかけられる金額が多い）家庭の子どもほど高学歴であるというデータもあるようです。

データというものは、ある一つの側面を切り取っただけのものですから、これだけで何かを判定することは不可能です。

「コーラの売上の高い年は風邪に罹患する人の数が少ない」などというデータもあります。これだけ見ると、「コーラを飲むと、風邪にかかりにくい」という錯覚をしてしまいますが、他の要素も鑑みて正しく統計処理をすると、夏の気温の高かった年は風邪の罹患率が低かった、つまり気温が高いことが風邪のはやらなかった原因で、コーラの売上が多かったことも風邪の罹患率の低かったことも、どちらも結果に過ぎなかったということです。

ですから、「原因：塾通いの子どもが少ない→結果：学力が高い」とはすぐには言えないし、「原因：所得が多い→結果：子どもの学歴が高い」も同じくすぐには言えないことです。

ただ、それらのデータをもとに「仮説」を立て、実際に科学的な統計処理をされた結果と対照して検討する、というのは必要なことです。

私がこれらのデータをもとに立てた仮説、私の経験に基づく考えを述べておきます。

「秋田式」などと呼ばれている、じっくりと考えさせ意見を述べさせる学習指導の方式は確かに正しいと私は考えます。

しかしその方式が他の地方、たとえば東京や大阪などで通用するかというと、通用しないでしょう。都会では、そんな「よい」授業など、もうできない、というのが、現時点での私の結論です。

地域の特殊性があって、ある地方でできたことが必ずしも他の地方でできるとは限らない。それは当たり前の話で、そういった文化の差はあります。

しかし、そういう文化の差としての地域差では説明のできない、もっと大いなるギャップが、高得点だった秋田や福井と、教育に時間もお金もかけているはずの東京や大阪との差にはあります。

よい授業とは「考えさせる」授業なのですが、そういう授業は、もう東京や大阪（や、私の教室のある京都もほとんどそうです）の小学校ではできない。

なぜかというと、そういう**よい授業を、進学塾に通っている子どもがぶちこわしにしてしまう**からです。

進学塾が学校の授業を台なしにしている

だれも言わないから私がはっきり言っておきますが、進学塾に通っている子どもたちが、学校の授業、学校の先生方の努力を、台なしにしてしまっているのです。

学校の先生は、努力して工夫して、子どもたちにより興味を持たせる授業をしようとなさっています。しかし、進学塾に通っている子どもたちが、「そんなの知ってる」「これはこう解く」の一言で、ぶちこわしにするのです。本当はよくは理解していないにもかかわらず。

進学塾というのは、先に述べましたように、畑の表面をはぎ取るような授業をします。本当は畑というものは、深く耕すことによって、よりよい実りを得られるものなのですが、そういう時間がかかって大変な作業は、進学塾ではしません。表面だけを削って、「はい、全部耕しました」と言う。そういうウソを平気でつくのが進学塾です。

「さあ、これからある分野について、子どもに興味を持たせて深く掘り下げた授業をしよう」、そう学校の先生が考えていらっしゃったとしても、進学塾でその表面だけを薄ぅ～く教えられ、知っている（気になっている）子どもが、学校の先生が苦労して組み立てようとしている授業を「これはこうで、あれはああで、そんなの分かってる」というツラをして先走りしてしまう。

誰かが先走って、さも知っているかのようなことを言えば、それが本当の知識でも知恵でもなかったにせよ、ほかの子どもたちはしらけてしまって、もうそのことに対して興味を持とうとはしなくなるのです。

これから「知ることは面白いことなのだぞ」と子どもの興味をもり上げるような前振りで先生が話をしはじめても、「あ、それ1足したらいいんだ」とか「それは方程式で解ける」なんてことを言われれば、その瞬間に、せっかくの面白くなるだろう授業が、シュンとしぼんでしまいます。

みなさんも、「さあ、これから楽しみにしていた映画を見るぞ」と思っているときに、「主人公はねえ、最後は××になるんだよ」って言われたら、気分がなえてしまうでしょう。手品を見ているときに、横から「そのタネはこうこうで」なんて言われたら、もう楽しみがなくなってしまうでしょう。それと同じです。

本当はよく分かってはいないにせよ、「そんなの知ってる」と言うような子どもがいれば、もうそれで、授業は台なしです。それが1人2人なら、うまく抑えて授業を進めることもできるでしょうが、半分もの子どもが「そんなの分かってる」と言えば、授業は成り立たないのです（だいたい、大都市圏の小学生の通塾率は50％前後）。本当はよくは理解していなかったとしても、です。

「知らないことを知る」ということは、本来とても楽しいことです。新しい知識を貯え知恵を得ることは、おそらく生物の本能にプログラムされている楽しいことなのだと私は考えています。だから、知らないことに興味を持たせる授業をすれば、必ず子どもは食いついてくるし、そうすると真の理解に近づくよい授業ができあがる。

でも、知ってもいないくせに「知っている」などという子どもが半分もいたら、授業など成り立たないのです。

これは子どもの責任ではありません。誰だって知っていれば言いたくなる。技を持っていれば披露したくなる。それが人情です。

しかも、子どものことですから、本当はまだよく理解できないような内容のことでも、知っていると言ってしまいたくなる。それは、表面だけ教えて、本当は理解できていないことでも、さも理解しているかのような気にさせてしまう、進学塾のやり方がおかしい、ということです。

このような本当のことは、当然、進学塾の側は言わないし、学校側も「塾に責任転嫁をするな」などと批判されるのを恐れて、言わないでしょう。

学校側にもプライドがありますから、塾のせいだとは言いにくい。だから私が言います。

この根っこには深い問題が含まれているのであって、「じゃあ、秋田の方法を取り入れましょう」なんていう単純な方法では解決できないのです。進学塾に通わされている子どもの割合が多い地域が、本当のよい授業をしている地域に、勝てるわけがないのです。

これはつまり、**通塾率の高い都会では、本来ならば公教育で受けられるであろうレベルの授業を受けられていない、**ということにほかなりません。だから、家庭でできることが重要になってきます。私の見解はこういうことです。

ぜひどなたか、統計学の専門家の方に、前記のデータの解析をしていただきたいと願います。

学校と塾の関係は「安売り合戦」化している

さて、元に戻って、公立の小中学校の授業が、大なり小なり、塾通いの子どもから影響を受けていることには、異論がないでしょう。

進学塾では「長切問題」を解かせている。あるいは、「論理」を売り物にした教材を使用している。子どもたちも親たちも、それがよい授業だと信じてしまっている。そして、学校の授業をつまらないもの、役に立たないものと思い込んでしまっている。役に立たないとまでは思っていなくても、塾の授業よりレベルの低いものだと思っている。

塾では試合ばかりさせてもらえる。学校ではランニングと筋トレばかり。本当はランニングや筋トレが非常に重要なのに、そうは理解してもらえないから、学校としては仕方がない。仕方がないから、学校も「長切問題」をせざるを得なくなってきている。これが一つの側面でしょう。

小学校や中学校は進学塾と、高校は予備校と戦わなければならない。そのためには、進学塾や予備校と同じ「論理」を売りにしている問題集や「長切問題集」をさせなければならない、そういう結論になったのです。

あるスーパーマーケットの隣に別のスーパーマーケットができたとしましょう。片方が大根の値段を100円にしたら、もう一方も100円にしなければならない。あるいは、隣に勝つためには90円にしなければならない。

すると、片方は今度は80円に値下げしなければならなくなり、もう一方は75円に下げなければならない。また片方は……。

場合によっては、原価を割ってでも、値下げをしなければならない。これはものすごい消耗戦です。

商品には適正な価格というものがあります。もしこのような値下げ合戦が高じると、安くするためには少々悪い商品でも売ろう、安くするためには見た目は変わらないようにしながら内容量を少なくしよう、ということになりかねません。

そうすると、**結果として損をするのは消費者**だということになってしまいます。

学校と塾との「『長切問題』合戦」は、この「安売り合戦」と似ています。

学校は、今まで「本当に内容を理解させる」という「よい商品」を売っていたのに、隣にできた進学塾や予備校が「長切問題集」などという商品を安売りしてきて、それに対抗するために学校も「長切問題集」という商品を売らざるを得なくなってしまった。「悪貨は良貨を駆逐する」が如く、「悪問題集は良授業を駆逐」しているのです。これは結局、消費者（生徒）にとって大きな損になってしまっています。

本当にこれでよいのですか、と私は問題提起をしておきます。

国語は論理だけでは解けない

次に、私はなぜ「国語は論理で解ける」という考え方に賛同できないのか、もう少し「論理的」にご説明します。

そもそも、「国語は論理で解ける」と言ってしまうと、すなわち「すべての国語（の問題）は論理だけで解ける」という意味になります。少なくとも、読者にそう誤解させるおそれがあります。まず、私はここに問題を提起します。

国語力と論理力の関係とは？

まず、国語力とは論理力だけからなるものではありません。

どんな思考にも「論理」が必要なのはあたりまえのことです。理科でも社会でも、芸術分野である音楽でも美術でも、また体育でも、論理なくしては学習は進みません。

ただ、論理がすべてというわけではないのです。

人間というものは、「こうすれば、こうなる」という確かな方法を追い求める傾向があります。だから、「この問題集を解けば、国語が上達する」や「この塾（予備校）に入れば、合格できる」など、1対1の因果関係を求めるのですね。「論理で解ける」もその一つです。

でも、人間は「自然」という人知の及ばないものの中に生きている「生き物」という人知の及ばないものですから、「こうすれば、こうなる」などという確固たる方法はないのです。「スイッチポン」で勉強が上達する方法などありません。

人間の能力は、すべて複雑に絡み合っているものですから、独立した「国語力」などというものはありません。『国語力』とは何だ、きちんと定義しろ」などという指摘もあるようですが、「国語力」の厳密な定義は不可能です。言葉の厳密な定義が不可能だというのも、国語が論理的でないことの傍証の一つです。

もし「国語力」の定義を不正確ながらでも言うとするなら、「文章を読んで（聞いて）理解する力。文章を書いて（話して）表現する力」ぐらいのところでしょうか。

では、この国語力と論理力の関係は、どのようなものなのでしょうか。私は、お互い共通点はあるものの、どちらがどちらの必要条件でも十分条件でもない、というのが正しいと考えています。

だから、論理力の不足が原因で国語力の低かった者が論理力を鍛えることによって国語力（の一部）が上がるということはあるでしょう。しかし、無条件に「論理力を鍛えれば国語力が上がる」「国語は論理だ」などという考えは正しくないと考えます。

論理力と国語力の関係を正しく図にしてみましょう。国語力（の一部）と論理力は、相互因果関係にあります。お互いがお互いの基礎であり活用で、相互に強く結びついています（図1）。

論理力が高まれば、国語力の一部が高まる。それは間違いのないことです（図2）。

同時に、国語力が高まれば、論理力の一部が高まる、ともいえます（図3）。

人間の思考がその母語によってなされることを考えれば、論理力と国語力は密接に関係

図1

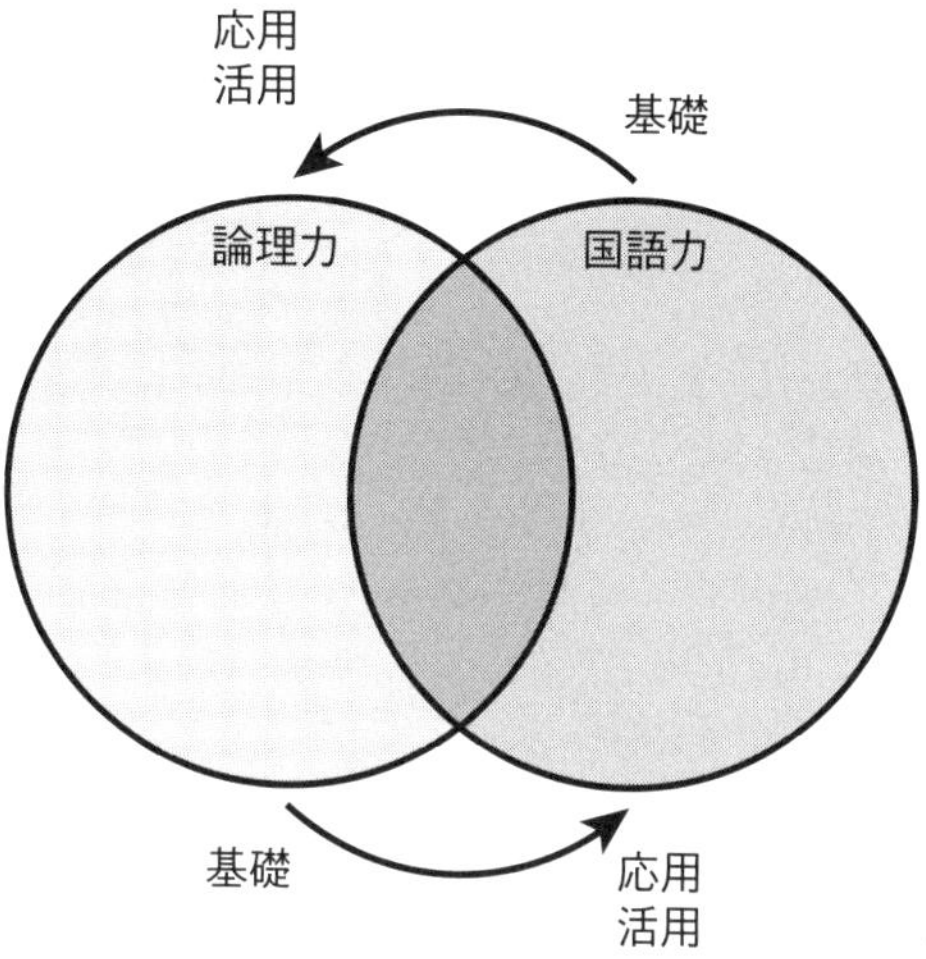

していることは間違いありません。しかし、論理力は国語力の一部であり、国語力の全部ではありません。

ですから、論理力を上げれば即、国語力が上がるというものではないのです。

論理的な思考力は、すべての学問にとって必要なことです。ですから、論理的に考えられることは、すべての学力と同様に、国語力にも大きな影響を与えていることは間違いありません。

しかしそれ以外にも、さまざまな要素が、国語力を高めるためには必要なのです。

では、なぜ国語は論理だけでは解けないかということ、また私の考える「国語力」を高めるために必要なことを、この後くわしく述

図2

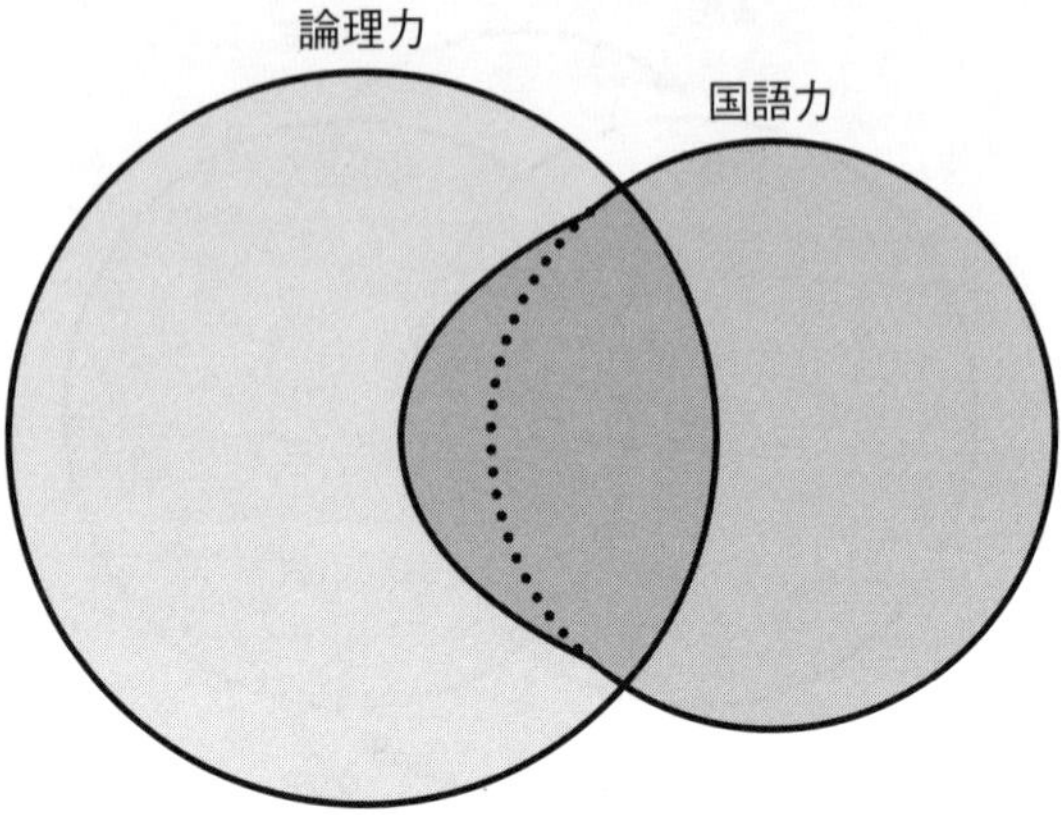

論理力が高まると
国語力の一部も高まる

図3

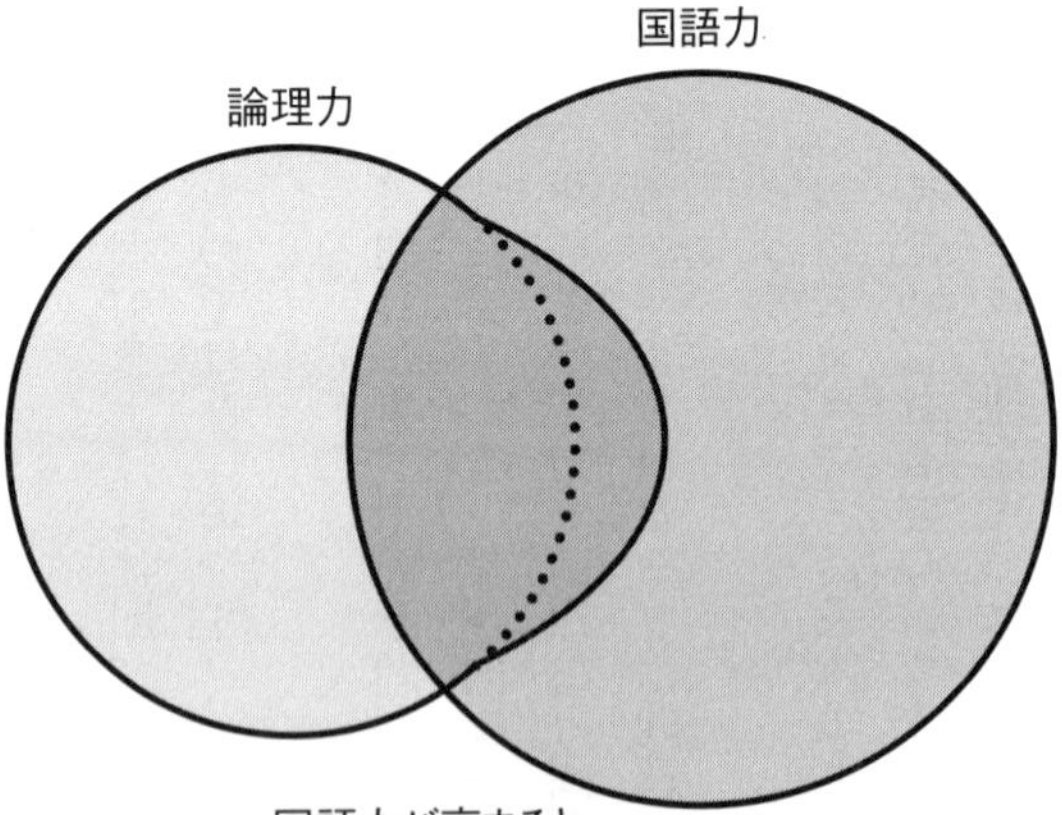

国語力が高まると
論理力の一部も高まる

べていきたいと思います。

算数(数学)は論理的である

算数は論理的であるといえます。なぜなら、先にルールが明示されていて、そのルールの範囲で思考することを求めるからです。

しかし国語は、ルールが明示されていません。おおよその、おそらく多数の人が認めるであろう暗黙のルールはありますが、明示された誰にでも判定可能なルールはありません。いわば、算数のルールは成文律で、国語のルールは不文律のようなものです。

また、算数(数学)は、その思考過程に「自分の想像・解釈」は入りません。算数(数学)は、ルールの範囲にないことを求めないからです。

しかし国語は、解答者(子ども)に自分の想像や解釈を求めます。さらに、文学は芸術でもあるので、芸術的な感性も求められます。

算数(数学)は、誰が考えても、正しく考えれば同じ結論に至ります。だから、論理的であると言っていいのです。

しかし、国語に関しては、人によって、時によって、答えが異なることがあります。正しく考えたからといって、必ずしも同じ結論に至るとは限らない。

こうした理由からも、国語は論理的であるとは言い切れないのです。

論理に欠陥があるから、国語は必ずしも論理的とはいえない

国語において、解答への道筋を明示して「ほら、国語も論理的だろう」と言う人がいますが、そのほとんどは論理的ではありません。そういうときの「論理」は、途中に飛躍があります。論理の抜けがあるのです。ですから、「正しい論理的思考」ではありません。

例を挙げてみましょう。まずは、算数（数学）における、途中に抜けのない、論理的に正しい思考です。

例ア：

【問】図4の三角形ABCにおいて、∠A＝50°、∠B＝70°、のとき、∠Cの角度を求めよ。

図4

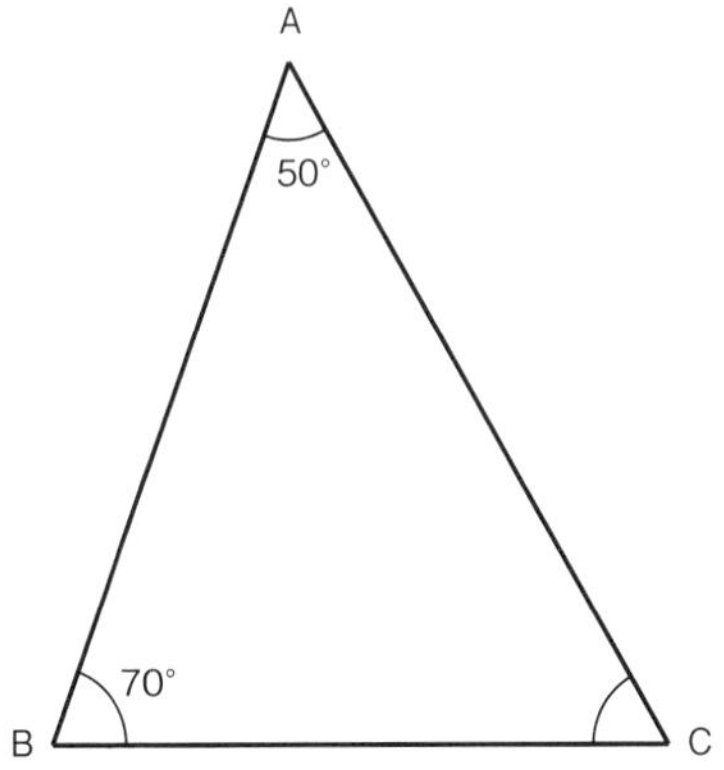

【解答へ至る思考の過程】

Ⅰ　三角形の内角の和は180°
←
Ⅱ　∠A＝50°
←
Ⅲ　∠B＝70°
⬅
よって、∠C＝60°（180°－50°－70°＝60°）

途中に論理の抜けがありませんね。このような思考を「論理的」と言います。

次に、ある一つの問題での、誤った思考と正しい思考とを例示します。

例イ：

【問】図5のxの角度を求めよ。

図5

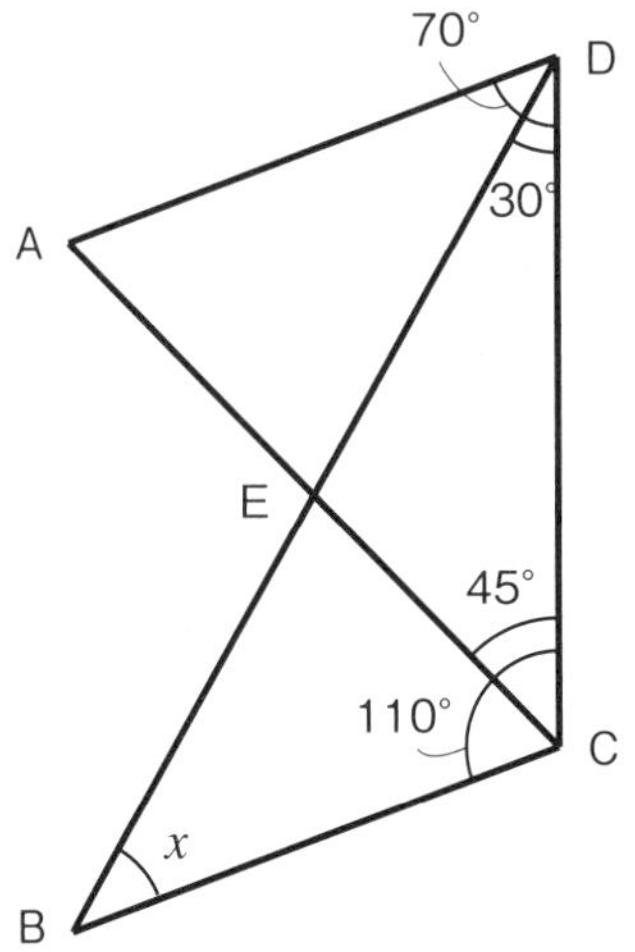

【解答へ至る思考の過程　例イ―思考1】

Ⅰ　∠ADC＝70°

↓

Ⅱ　∠BDC＝30°

⬇

よって、∠ADB＝40°（70°－30°＝40°）

⬇

また、

Ⅲ　∠ADB＝∠x　（平行線の錯角）

⬇

よって、∠x＝40°

これは間違いですね。∠x＝40°という答えの数値は正しいのですが、解答に至る過程が論理的ではありません。なぜならば、右の解き方（Ⅲの部分）には条件として与えられていない「AD//BC」を、解答者が自分の勝手な想像で用いているからです。

正しくは、次のとおりです。

【解答へ至る思考の過程　例イ―思考2】

Ⅰ　∠BDC＝30°
←
Ⅱ　∠ACD＝45°
⇦
よって、∠BEC＝75°…①（30°＋45°＝75°）（三角形の外角）

また、
Ⅲ　∠BCD＝110°
←
Ⅳ　∠ACD＝45°
⬅
よって、∠BCE＝65°…②（110°－45°＝65°）

①、②より

Ⅴ　∠x＝40°　（180°－75°－65°＝40°）

次に、国語の読解問題の解き方における論理の流れを記述してみましょう。

例ウ：

【問】花子さんは太郎さんに後ろから突き飛ばされました。花子さんは転んでひざをすりむきました。花子さんは「痛い」と言って泣きました。

このとき、花子さんの泣いた理由を答えなさい。

【解答へ至る思考の過程　例ウ―思考1】

Ⅰ　太郎さんが花子さんを突き飛ばした。

↓

Ⅱ　花子さんは転んでひざをすりむいた。
←
Ⅲ　花子さんは（すりむいたひざが）痛いと言った。
←
Ⅳ　花子さんは泣いた。
⬅
よって、花子さんの泣いた理由は「痛かったから」。

これは論理的でしょうか？　いえ、これは論理的ではありません。この論理の組み立てには、明らかな飛躍があります。

お分かりになりますか。Ⅲ↓Ⅳ間に、論理の抜けがありますね。

では、私がこの論理の抜けを埋めて、飛躍のない論理のつながりにしてみます。

【解答へ至る思考の過程　例ウ―思考2】

Ⅰ　太郎さんが花子さんを突き飛ばした。

←

Ⅱ　花子さんは転んでひざをすりむいた。

←

Ⅲ　花子さんは（すりむいたひざが）痛いと言った。

←

Ⅳ　痛さが、花子さんの心に、涙を流すほどの影響を与えた。

←

Ⅴ　花子さんは泣いた。

⬅

よって、花子さんの泣いた理由は「痛かったから」。

これで飛躍がなくなりました。

再度お尋ねします。これは論理的ですか？　本当に論理の飛躍はなくなりましたか？

答えはまだＮＯです。これを論理的だと考えた人は、まだまだ論理的思考力に足りない部分があります。

先の数学の正しい論理思考と、今の国語における誤った論理思考を、それぞれ再掲しましょう。

【例ア】：

Ⅰ　三角形の内角の和は180°　　「定理…所与（given）」
（※定理＝公理から演繹的に導かれる）

←

Ⅱ　∠A＝50°　　「条件（仮定）…所与」

←

Ⅲ　∠B＝70°　　「条件（仮定）…所与」

⬅

よって、∠C＝60°

数学の、この正しい論理においては、すべて定理および条件によって所与（given）されたものしか、思考の過程には使用していません。

ところが、

【例ウ—思考2】：

Ⅰ　太郎さんが花子さんを突き飛ばした。　［条件（仮定）…所与］
　←
Ⅱ　花子さんは転んでひざをすりむいた。　［条件（仮定）…所与］
　←
Ⅲ　花子さんは痛いと言った。　［条件（仮定）…所与］
　←
Ⅳ　痛さが、花子さんの心に、涙を流すほどの影響を与えた。　［想像］
　←
Ⅴ　花子さんは泣いた。　［条件（仮定）…所与］

↓
よって、花子さんの泣いた理由は「痛かったから」。

Ⅳの部分は、私の想像です。あるいは、経験に基づく勘です。痛くても泣かない人もいるから、「痛い＝泣く」というのは、論理的な思考ではありません。

ですから、論理の抜けがなくなったように見えたにもかかわらず、【例ウ─思考2】の考え方は、論理的ではないと言えます。

このⅣの部分をどう想像するかによって、答えは何とおりも可能です。

【例ウ─思考3】：

Ⅰ　太郎さんが花子さんを突き飛ばした。　［条件（仮定）…所与］

↓

Ⅱ　花子さんは転んでひざをすりむいた。　［条件（仮定）…所与］

Ⅲ ← 花子さんは悔しかった。　［想像］

Ⅳ ← 悔しさが、花子さんの心に、涙を流すほどの影響を与えた。　［想像］

Ⅴ ← 花子さんは泣いた。　［条件（仮定）…所与］

⬅ よって、花子さんの泣いた理由は「悔しかったから」。

Ⅲ、Ⅳの部分は、私の想像です。

あるいは、こうも考えられます。

【例ウ―思考4】：

Ⅰ　太郎さんが花子さんを突き飛ばした。　［条件（仮定）…所与］

← Ⅱ　花子さんは転んでひざをすりむいた。　［条件（仮定）…所与］

← Ⅲ　花子さんは腹立たしかった。　［想像］

← Ⅳ　腹立たしさが、花子さんの心に、涙を流すほどの影響を与えた。［想像］

← Ⅴ　花子さんは泣いた。　［条件（仮定）…所与］

⬅ よって、花子さんの泣いた理由は「腹立たしかったから」。

ほかにもいろいろ考えられますね。

【例ウ―思考3、4】は、それを考えたその人の主観においてのみ論理的です。だから、これらを考えた本人は、「自分の思考は論理的だ」と思ってしまうのでしょう。

しかしながら、これらは［所与］のもの以外（ここでは［想像］）を論理構成の中で勝手に使っているわけですから、客観的には論理的ではありません。

もう一度、例イを見てみましょう。

【例イ―思考1】：

Ⅰ　∠ADC＝70°　［条件（仮定）…所与］

←

Ⅱ　∠BDC＝30°　［条件（仮定）…所与］

⬅

よって、∠ADB＝40°（70°－30°＝40°）

また、

Ⅲ　∠ADB＝∠x（平行線の錯角）　［誤った推定］

⬅

よって、∠x＝40°

Ⅲの部分で、AD//BCという誤った推定をして、∠ADB＝∠xという誤った結論を導いていています。条件にAD//BCはありません。ですから、この【例イ―思考1】は論理的でない、と言えます。

【例イ―思考2】：

Ⅰ　∠BDC＝30°　　［条件（仮定）…所与］

↓

Ⅱ　∠ACD＝45°　　［条件（仮定）…所与］

↓

よって、∠BEC＝75°……①（30°＋45°＝75°）（三角形の外角）

また、

Ⅲ　∠BCD＝110°　　［条件（仮定）…所与］

↓

Ⅳ　∠ACD＝45°　［条件（仮定）…所与］

⬅

よって、∠BCE＝65°…②　（110°－45°＝65°）

①、②より、

Ⅴ　∠x＝40°（180°－75°－65°＝40°）

これは論理的ですね。なぜなら、思考の過程において設問で与えられた条件だけで結論を導いているからです。途中に根拠のない推定や想像は入っていません。

【例イ―思考1】は論理的ではない、ということに、どなたも異論はないでしょう。その思考過程を見てみると、論理的でないのは「Ⅲ　∠ADB＝∠x（平行線の錯角）［誤った推定］」の部分の一か所だけです。それでも、【例イ―思考1】そのものが論理的でないという判定を下されます。

ここから分かるように、「論理的である」ということが言えるのは、「その思考の過程すべてが論理的である」場合に限ります。途中一か所でも論理的でなければ、その思考全体が論理的ではないと見なされるのです。

ですから、たとえば【例ウ】のような国語の読解問題を解く思考過程についても、途中一か所でも論理的でない場所があれば、もう全体が論理的ではないのです。「ここからここまでは論理的に考えているから、読解問題を解く場合も部分的には論理的なのだ」という言い訳は成り立ちません。

国語は論理的ではないのです。そしてその**「論理的に考えていない部分」「解答者の経験や個人の資質に基づく想像や考えの部分」こそが、国語にとっては最も重視される部分なのです。**

「あなたはどのように受け取りましたか、感じましたか。あなたはどのように考えますか、どんな意見を持ちますか」という部分が、出題者のもっとも問いたい部分です。

論理では解けない部分が、国語にとっての要所であり最大の難関なのです。

「論理的な文章を書く」と「読解問題を論理的に解く」は別物

たとえば「読書感想文」を書く場合、本の筆者が文字で表したことをもととして、筆者が文字で表していない部分まで自分の［想像］として考えて書くことが許されています。

というより、筆者が言語化していない部分までより広く深く想像することが、読書感想文では必要とされています。

その［想像］の部分は、読書感想文を書く人の「想像」なのですから、その部分が正しいか間違っているかは、読書感想文では問題にされません。その［想像］の部分を含めて、論理的に積み重ねた記述ができていれば、一応読書感想文の「文」としては合格です。

［想像］の部分も含めて、論理的に文章を構築する力があれば、最低限の「記述力」があるということです。読書感想文ではなく何らかの意見文であれば、［自分の意見］を含めた内容が抜けなく論理的に構築されていれば、その文章は「論理的である」と判断されます。

論文を書く場合は、その［想像］部分が、自分の［考え］［意見］［主張］［実験結果］などに置き換わります。その［考え］が正しいかどうかは、文章が論理的であるかの判定にはかかわりません。「文章は論理的に組み立てられているが、その［考え］は間違っている」という判定もできます。

ですから、先に説明したような「読解問題の設問に答える」ときの「論理」と、感想文や意見文を記述するときの「論理」とは、たいへんに異なったものであるということを、私は指摘しておきます。

論理的な文章を書くということと、読解問題を論理的に解くということは、まったく異なったものなのです。論理的な文章を書くことはできますが、国語の読解問題を論理的に解くことはできません。

文章は主観的論理的に書けるものですし、特に意見文などは少なくとも主観的論理的に書かなければならないものです。だからといって、芸術的文章が必ずしも論理的である必要はありません。

これらが示しているように、国語すべてが論理的であるなどということは、まったくないのです。

「論理」に加えて、国語力には「経験」が必要

下村湖人の「次郎物語」に、こういう場面描写があります。


(次郎は、父の食べ残した卵焼きを、誰にも知られないようにつまみ食いしていた)

「卵焼きぐらい、どうだっていいじゃないか」

俊亮はちょっと首をかしげて、次郎の顔を覗きながら言った。

「よかああありませんわ」

お民は冷ややかにそう言って、また庭に下りた。

そして、つかつかと次郎の前まで歩いてくると、いきなりその両肩をつかんで、縁台に引きすえた。

「お前は、お前は、……こないだもあれほど言って聞かしておいたのに。……」

お民は息を途切らしながら言った。

次郎は、母に詰問されたら、父もそばにいることだし、素直に白状してしまおうと思っていたところだった。しかし、こう始めから決めてかかられると、妙に反抗したくなった。彼は目を据えてまともに母を見返した。

（中略）

湯殿に這入ってから、俊亮はごしごし次郎の体をこするだけで、まるで口を利かなかった。次郎は、すると、妙に悲しみがこみ上げてきた。そしてとうとう息ずすりを始めた。

（下村湖人「次郎物語」漢字は原文ママ）

問1：なぜ次郎は「妙に反抗したくなった」のでしょうか。

「答1：母に、自分が卵焼きを盗んだのだと、始めから決めてかかられたから」では、○はもらえませんね。それは、文中に書いてあることをそのまま答えにしただけだからです。

「答2：そのときの自分の気持ちも、理由も聞かれないまま、母に一方的に卵焼きを盗んだと決めてかかられたから」ぐらいまで書くと、小学生ぐらいなら○でしょうか。

しかし、大学入試レベルの解答にしては、お粗末でしょう。

ここのポイントは「妙に」という言葉です。『妙に』反抗したくなった」のです。何が「妙」なのですか。微妙ですね。

現に次郎は、自分が卵焼きを盗み食いしているのです。「盗み食いをしたこと」を「盗み食いをした」と決めつけられたとして、どうしてそれが「妙に反抗したくなった」となるのでしょうか。

もし論理的に考えるとすると、「答2」までが限界でしょう。解答したのが小学生なら、「答2」で正解にします。でも、高校生程度以上の学力のある者が「答2」の程度の解答を提出したとすれば、私は○はつけられない。

ここで、**「論理」以外に「経験」というものが必要となってきます。**明らかに自分が悪い場合でも、一方的に「お前が悪い」と決めつけられることは、非常に不愉快なものです。本当は自分が悪いのですから、一方的に決めつけられたとしても、それは仕方のないことのはずです。

しかし、感情はそうはならない。ここは理屈ではありません。それは、そういう経験をした者でなければわからない、「妙」な感情なのです。

自分が同じような「経験」をしていれば、そのときの自分の気持ちを思い出して、それを文にまとめることによって、よりよい解答になるのです。もしそういう経験がなければ、どうしても「浅い」解答になってしまいます。

もう一つ質問を出しましょう。

問2：なぜ次郎は「妙に悲しみがこみ上げてきた」のでしょうか。

「答：俊亮が次郎の体をこするだけで、口を利かなかったから」は、完全な×です。「俊亮が次郎の体をこするだけで、口を利かなかった」ことは、次郎にとってマイナスの要素ではなく、プラスの要素なのです。それが感じ取れないと、ここは正答に至りません。

「問2」は、「論理」だけでは、決して十分な点数が得られる答えは書けないでしょう。「問2」において正答といえる答えを出すには、どうしても、少なくとも二つの「経験」が必要となります。

まず一つ。父と一緒に行水をして、父が自分の体をこすってくれる。これは父と息子の非常に重要なスキンシップです。俊亮は次郎に対して、非常なる愛情を持っている。そしてそのことを体を通して伝えているのです。

父は怒っていない。むしろ、この場で次郎に対して愛情を伝えています。

父は、次郎が母から精神的虐待を受けているだろうことを、十分に理解しています。そして男親の愛情として、それを母に直接には指摘したり、あるいはやめさせたりはせず、大きく次郎を見て、次郎の成長を待っているのです。

父が次郎の体を無言で洗ってやっていることは、次郎に対して「私は知っているよ。私はお前を愛しているよ」ということを、スキンシップを通して伝えているのです。そして、次郎はそれを無意識に感じています。

二つ目。次郎は父の愛情を感じている。愛情を感じていながら、「妙に悲しみがこみ上げてきた」のです。またここでも、ポイントは「妙に」という言葉です。

親の温かい愛情を感じて、悲しみがこみ上げてきた経験のある人には分かるでしょう。

そういう経験のない人が、「問2」に正しく解答することは、ほぼ不可能です。

愛情を感じると当然「嬉しく」なります。「嬉しく」て涙を流すこともあります。でも、「妙に悲しく」なることも、経験のある人には分かるでしょう。この「悲しみ」は「喜び」と実は同じものかもしれません。

ここでは、自分のした「盗み（つまみ食い）」という、やってはいけないとされていたことをしてしまったことへの「後悔」と「反省」と、父にだけは愛されているという「安心」「喜び」などの感情が、複雑に入り混ざっているのですね。それを次郎は「悲しく」感じたのです。作者が、「次郎が悲しく感じた」という設定にしたのです。

だから作者は、ここでも「妙に」という言葉を使っているのです。作者は巧妙ですね。

以上のような「愛されるということの理解」と「それによって生ずる悲しみ」という二つの内容を、解答者が過去に経験したという事実が、「問2」において○のもらえるだけの十分な答えを書くには、どうしても必要なのです。

これらから分かるように、**国語の読解問題によりよく答えるためには、どうしても人生**

における様々な「経験」が必要なのです。これらの答え、特に「問2」の答えを「論理」だけで求めることは、絶対に不可能です。

「論理」に加えて、国語力にはさらに「芸術的感性」が必要

太郎を眠らせ、太郎の屋根に雪ふりつむ。
次郎を眠らせ、次郎の屋根に雪ふりつむ。

（三好達治「雪」）

この「次郎」は先の「次郎物語」の「次郎」とはまったく別人です。偶然「次郎」が重なってしまいました（笑）。

さて、この詩を読んで、みなさんは何をお感じになりますか。

私はこの詩を読んで、ちらちらと弱いながらも絶え間なく降る雪の情景が浮かんできました。またしんしん、しんしんという音のない音が、耳に聞こえてきました。山村の中に少し離れて建つ二軒の家。屋根も畑も厚い雪に覆われています。

作者の三好達治は、どんな景色を見ながら、この詩を書いたのでしょう。三好のそのときの感動をそのまま受け取ろうとする努力も必要でしょう。

しかし、たった二行のこの詩。これですべてを伝えることはできません。三好はこれ以上伝えることを望まなかった。あとは読者の想像の世界です。

三好はこの二行の言葉だけを読者に放り投げて、受け取った読者には、そのたった二行の詩が、とてつもなく厚く深く重く感じられる。

作者の三好と読者の私たちは、もちろん違う人格をもつ者ですし、生きた時代も場所も、何から何まですべて違う。違うながらに、この短い詩から読み取れるものがある。共感できるものがあります。

その読み取れるもの、共感できるものは、人それぞれ違うでしょう。共感したといっても、それが本当に三好との共感なのか、もう他界した三好に聞くこともできません。

この詩をもとに、読解問題をつくってみましょう。まずは、論理的な解答が可能な設問です。

問　この詩の中の雪の降っている様子を表す言葉として、最もよいものを一つ選びなさい。

ア、しんしん　　イ、ザーザー　　ウ、ぴかぴか　　エ、いらいら

正答はもちろん「ア」ですね。雪の降る様子を表す言葉は、この中では「ア」しかないからです。「イ」「ウ」「エ」は、雪の降る様子を表す言葉ではありません。
そういう事実のみをもとに解答を導いていますから、この解答への思考の過程は、論理的だと言ってよいでしょう。

しかし、このような問題は、設問として成り立ちません。小学校の低学年に対して、語彙力を試す問題としては成立しますが、内容を問う読解問題としては、誰にでも解けてしまう易しすぎる問題なので、成り立ちません。
では、正誤の判定ができる読解問題として成立するような設問をつくってみましょう。

問　次のうちから、この詩の説明として最もふさわしいものを選びなさい。

ア、粉雪が静かに降り、少しずつ少しずつ積もっていっている様子。
イ、木枯らしが吹きすさび、激しい雪が舞っている様子。
ウ、雲間からさした微かな月の光の下で、まだ雪が降りやまない様子。
エ、家がもう埋まってしまいそうなほどに、たくさんの雪が積もっていく様子。

この問に対する、論理的な解法はありません。思考の過程にどうしても想像が入ってしまうからです。

エは「家がもう埋まってしまいそうなほど」という点が、この四者の中ではおそらく誤答であると判断するポイントです。この詩から「家が埋まってしまう」というような危機感は感じられないからです（もちろん、「感じられない」というのは私の主観ですから、論理的ではありません）。

でも、この詩を読んで「うわぁ、怖いなあ」と感じた子どもがいても不思議ではありません。冬に豪雪地帯において雪の重みで屋根がつぶれてしまうような事故が、ときどきあります。

そのようなニュースを見たあとでこの詩を読めば、「ああ、雪の重みで屋根がつぶれてしまう」、あるいは「『太郎（次郎）を眠らせ』というのは、太郎（次郎）が死んでしまうという比喩の表現だ」などと受け取っても、それは理解できることです。

でも、読解問題の正答としては不適切ですね。エを不正解だとした方、なぜこれが正答として不適切なのか、論理的な説明（論理の抜けのない説明）ができるかどうかよく考えてみてください。

ウも不正解でしょうね。「月の光」がさしているような情景には、私には受け取れませんでした。「雪が降っているのに、月の光が見えるはずがない」という理由で不正解にするのはだめです。

雨が降りながら日の光がさすことがあるように、雪が降りながら月の光がさすこともあるからです。ウを不正解だと考えた方、これも論理的に説明する方法があるかどうか、よく考えてみてください。

さて、正答は「ア」か「イ」か。私は「ア」を正答として設定して、この設問をつくりました。しかし、作者の三好が「これは『イ』が正答だ」と言ったとしても、驚きません。

豪雪地帯で生まれ育った太郎も次郎も、吹きすさぶ木枯らしの音には慣れっこになってしまっていて、それが太郎と次郎の耳には、子守唄のように心地よく聞こえたのかもしれません。そうなら、正答は「イ」です。

正答は多数決で決める？

正答は果たしてどれか。あとは読者の想像に委ねられているのですが、このような文学的（芸術的）文章の判断のもととなるのが「感性」です。文学における芸術的な感性ですね。

私は、私の文学的感性から、正答を「ア」だとして問題を作成しました。しかし、「正答はイだ」と主張する人がいたとしても、まったく不思議は感じません。あるいは、「ウが正答だ」「エが正答だ」という人がいたとしても、それも理解できます。理解はするけれども、〇はしない。

たとえ作者の三好が「ウが正解だ」と答えたとしても、それは×です。文章の作者本人ですら、満点が取れないかもしれない。国語とはそういう科目なのです。

「2×5」の答えは唯一「10」であって、「私は『7』だと思う」「ぼくは『12』だと考える」などの想像や直感は、まったく通用しません。算数（数学）は論理的だからです。算数（数学）は論理的だから、排他的唯一の正答があります（二次方程式の解のように、二つある場合、解なしの場合も含めて、排他的唯一の正答です）。

国語は論理的ではありませんから、ある答えが排他的唯一の正答であるとは言い切れないのです。先の問なら、おそらく「ア」を正答とする人が最も多いだろうと私が想像し、かつ私の感性でもあの四者の中では「ア」が正答だろうなあと考えた、それだけのことです。

私はこの詩から、山村の風景を想像しましたが、三好が本当に見たものは、山村ではなく海沿いの景色だったかもしれません。都会の町並みだったかもしれません。あるいは、三好自身、そういうどこかの実際の風景を見て書いたものではなく、すべて彼の頭の中の創作だったのかもしれません。これが文学というものです。

芸術は、それを鑑賞する人によって、さまざまな受け取り方ができます。

同じ一人の人でも、日によって、時間によって、受け取り方が違うということも、よくあることです。子どもの頃に読んだある文学作品を大人になってから読み直してみると、また全然違った感想を持つこともあります。

小中学生程度の読解問題のいくつかは、もし国語の得意な人が正答を求めるとすると、この答えが一番多いだろう、という「多数決」で決められていると言ってよいでしょう。しかも、本当に多数決をとったものではなく、「もし多数決をとったらこれになるだろうな」という問題作成者の想像や勘でもって、正答を定めているのです。私はそのことを非難しているのではなく、それが正しい国語の読解問題のつくり方だと思っています。

「非論理的思考」も必要である

私は、国語が論理的であること、論理的であろうとすることを批判しているわけではありません。「論理的に考える」ということは、たいへん重要なことだと考えています。「論理的に考える」能力は、小中高大さらにその上へと勉強をしていく過程で、どうしても鍛えておく必要があるものです。

しかしながら、日常生活はもちろん、学問の世界においても「どんなときでも論理的であるべき」というのは妄信だと思います。

学問の世界においては高い論理性が必要ですし、それを否定するものではありません。しかし、同時に**「非論理的」に考えられる力**も、私は重要視しています。

論理的に考えられることは人間の能力の一つですが、論理的に考えないことも人間の能力の一つです。

論理的に考えない方が、結論に至るのが早い例を挙げてみます。

パソコンで「エクセル」など表計算のアプリケーションソフトがあります。そのソフトで関数を記述するときに、私はよく「勘」で考えることがあります。その方が速い場合がままあるからです。

たとえば、条件によって場合分けをする関数「if（　）」というものがあります。

「if (A, B, C)」と記述した場合、「もし条件がAであればBという動作をしなさい。もし条件がAでなければCという動作をしなさい」という関数です（ソフトの種類によって、記述のルールは異なります。以下、分かりやすくするために、数式を簡略化します）。

「if（x=2の倍数，偶数，奇数）」という関数式があれば、これは「もしxが2の倍数ならば『偶数』と表示しなさい。もしxが2の倍数でなければ『奇数』と表示しなさい」という意味です。

この「if（　）」という関数は、入れ子構造でも利用することができます。

たとえば、「もしxが2の倍数なら『偶数』と表示しなさい。もしxが2の倍数でない場合、さらにxが2の倍数＋1ならば『奇数』と、xが2の倍数＋1でない場合は『偶数でも奇数でもない』と表示しなさい」という関数を記述したい場合、関数式は次のようになります。

「if（x=2の倍数，偶数，if（x=2の倍数＋1，奇数，偶数でも奇数でもない））」

私自身の場合、2コの入れ子構造までなら、まあすぐに分かり、比較的スムーズにif（）関数を記述することができます。

しかし、3コの入れ子構造になると、急に難しくなります。かなり頭を使いますが、まあなんとか頭の中だけで演繹的に（下から順に積み重ねて）考えてできるかな。

しかし、こういう表計算ソフトの関数を組み慣れているわけではない私は、これが4コ以上の入れ子構造になると、もう訳が分からなくなります。お手上げです。

本当なら、きちんとフローチャート（流れ作業図）を書いて、間違いのないように論理的に考えてif（）関数を書くべきなのでしょうが、私などたまに必要に迫られて関数を記述するぐらいですから、そこまで丁寧には考えません。

「直感」は人間の重要な能力の一つ

じゃあ、どうするか。複雑な関数式の場合、おおよそ勘で絞って、あとは試行錯誤で解いています。

なぜなら、フローチャートを書いて演繹的に「この場合はこうだからこうなって、この場合はこうなって……」などと一つひとつ考えるより、今までに関数式を立てたときの経験と勘で「おそらくこうだろう」と適当に文字や式を組み立てて、それで本当に正しく関数が作動するかどうかを試行錯誤（try & error）で確かめた方が、関数式を記述する時間は結果として早いからです。

世の中の事象はあまりにも複雑すぎて、高性能コンピュータでもその解を求めることができないものがたくさんあります（「複雑系」という言い方をします）。

そういう複雑すぎる世界に生きる人間の能力として、「論理的に考える力」と「論理的に考えない力」との二つの能力が備わっているのではないか。

「この事象は複雑すぎる」と脳が判断したとき、人間は論理的（演繹的）に考えるのをやめて、直感（経験）あるいは試行錯誤（try & error）で解こうとするのではないか。これが私の仮説です。

ですから、国語が完全に論理的に構成されていると仮定しても、国語は非常に複雑ですから、そのような複雑な論理系の中で考える場合は、「勘」など非論理的な思考が、有効な手段となる場合があると考えるのです。

しかしながら、何でも「勘」に頼るのは、よくないことです。まずは論理的に考えられること、これは絶対に重要なことです。**高い論理性を持ちながら、かつ論理以外の観点からも考えられるのが、本当に頭がよいということでしょう。**

子どもに教えているとよく遭遇するのが、子どもがすぐに「勘」で解こうとする場面です。おそらく問題が子ども自身の論理的思考力を超えたから、「勘」に頼ろうとするのでしょう。

もちろん、それはよくないことです。論理的に考える力は、どうしても学問において必要ですから、そういう力を身につけるように、必ず努力させなければなりません。

論理的な思考力とは、積み重ねて考える力のことです。ですから、論理的な思考力を高めるためにも、その子に最も適した難しさ（適したハードル）の問題を与える必要があります。かつ実際上のハードルを下げるために、基礎の部分を徹底して鍛える必要があると、私は考えます。

実際にどのような問題を与えればいいのかについては、第2章でレベル別にお話ししていきます。

国語は満点を取れなくてもいい？

先にくわしく説明しましたように、国語の解答への道筋は、論理的ではありません。どうしてもその途中に自分（解答者）の想像や考えが必要だからです。

出題者と解答者の意見、感性、経験などが異なると、どうしても答える内容も異なる場合が出てきます。だから国語は満点が取れないのです。

そして、満点は取れなくてもかまわないのです。

私は一応、国語指導の専門家ですが、中学入試の国語のテストで、絶対に満点を取る自信はありません（笑）。専門でない算数なら、満点を取る自信があります。おかしな話でしょう。でもおかしな話ではないのです。

高校入試ぐらいのレベルまででしたら、読書力や人生経験などに基づく最大公約数的解答でよいのです。きちんと本が読めて、自分の考え、感想などを正しく文章に表せる力があれば、高校入試ぐらいまでなら、どんな難関校でも十分合格点が取れます。

ただし、大学入試、特に難関大学の入試問題になると、読書力や人生経験だけでは合格点に至らない場合があります。なぜなら、それぐらいのレベルの学校を受験するなら、当然受験者のレベルもそれぐらい高いことになるからです。

そうすると、大人でも必ずしも解けないような設問をつくらなければならないのです。大人の最大公約数的解答では、テストが合否を分ける「ふるい分け」の役目を果たさないことになってしまうからです。

「答えを探す」力は本物の国語力ではない

難関大学の入試問題は、大人の最大公約数的解答では不十分で、大人が解いたときに意見が割れるような設問にしなければなりません。そうすると、正答をどうするかということが問題になります。

数学なら自動的に排他的唯一の正答になりますから、その正答に対して批判の生じる余地がありません。国語において、誰をも納得させることのできる排他的唯一の正答をつくるにはどうすればよいか。

それが、「難しい内容の題材を難しく書いた文章を利用して、正答あるいはその鍵は必ず文章中に存在するような問題をつくる」ということなのです。

だから、難関大学の入試国語は、語彙力、短い時間で読める読字力、常識的な論理力、があれば解けます。高校の授業においては国語の不得意だった生徒でも、大学入試の国語については、訓練すれば結構解けるようになったりします。大学入試国語は、いわば「宝探し」のようなものですから、そのコツを摑めば点数を上げることが比較的簡単だともいえます。

そういう意味で、大学入試に限っては「国語は論理で解ける」と言っても、あながち間違いではないかもしれません。しかし、先に述べましたように、**本物の国語力の最も重要なポイントは、論理で表されない「解答者の経験や個人の資質に基づく想像や考えの部分」**です。

ですから、大学入試に必要な国語力は、本当の国語力ではないと私は考えています（古文や漢文は、英語のような「語学」であり「暗記」でありますから、読解問題とは別の学習になります）。

大学入試のような特殊な国語を除いては、正答は、大人による最大公約数的な答えです。

まずは、しっかりと読めること、読めて内容がつかめること。これは解答者の資質ですね。読んで理解する、ここまでは努力で向上することができます。

そして、**国語に必要なのは、経験です。**自分が悲しんだ経験のない人には、人の悲しみは理解できません。さらに、自分自身の資質や経験から想像されること、考えられること、これらを他人に伝えられるように記述すること。これらが国語で点数をとるために必要な力だといえます。

もちろん、論理も必要です。そんなのは当たり前です。今こうして生きているということはそれだけで論理的な部分があるということですから。

大事なのは、自分自身の読書力、論理力、経験、また個人の性格などから生み出される、想像や思考なのです。だから国語のテストでは満点が取れなくてよいのです。模範解答をつくった人の考えが必ずしも正しいというわけではないのですから。

本物の国語力とはこういうもの

しかし、こういう例もあります。私たちの教室エム・アクセスに在籍していたある生徒の話です。その生徒は、中学入試の模擬テスト（国語）で、だいたい90点以上取っていました。たいへん国語力のある生徒です。

その生徒が模試のある回のとき、国語で１００点を取りました。たとえ小学生向けの問題だとはいえ、難関校に対応した模試ですから、大人でも満点を取るのが難しいと思います。

私は彼女の解答用紙を見ながら、ある問題の解答について気になったので、彼女に質問してみました。「あなたはどうして『××』という答えを書いたの？」

それに対して彼女は、こう答えました。

「私はここの答えは『△△』だと思いました。作者はそういう意図で書いたと思います。でも、出題者はおそらく『××』を答えとしていると思ったので、私は『××』と書きました」

これが「本当の本当の」国語力というものなのです。彼女は「作者の意図」を読み取ったうえで、さらにこのテストの「出題者の思考のクセ」を設問全体から読み取って、自分が正しいと思う答え（彼女が「作者の意図」だと思う方）ではなく、正しいとは思っていない方の答え（彼女が「出題者の思考」から導いた方）を書いたのです。

私は、その文章と設問を何度も何度も読み返して、その正答は「××」より「△△」の方がより適切だと判定しました。

私が解答をつくるなら「△△」とする。つまり、彼女の最初に思った方が正しくて、模範解答を「××」とした模擬テスト業者の方が間違っている、というのが私の判断です。

「私もあなたと同じ、正答は『△△』だと思うよ。私なら答えを『△△』と書くけどなあ」と私が笑いながら言うと、彼女は一瞬目を丸くして、すぐに少しはにかんだようすで目を伏せました。

彼女は、問題文と設問だけからは「△△」という答えを導きました。でも、もっと高い得点を取るために、「設問をつくった人の心理」までを読み、彼女自身の考えとは異なる「××」という答えを書いたのです。

このように、国語の問題集や模擬テストには、「グレーゾーン」の模範解答が結構あります。さらに、明らかな間違いも珍しくありません。設問作成者に私がその間違いを指摘し、後に訂正されたという事実も何度もあります。

国語のテストの採点は、こういう、算数などに比べればはるかにいい加減な状態でなされているのが実態なのです。

それにしても、彼女の「本物の国語力」には脱帽してしまいました。

*

ここまで、第1章では進学塾で行われている「受験国語」教育がいかに弊害が大きいか、というお話をしてきました。

では、進学塾に頼らず、子どもに「本物の国語力」をつけさせるには、親としてどのようなことができるのでしょうか。

次の章では、いよいよ「じゃあ、おうちではどのような国語学習をさせればいいのか」ということについてお話ししていくことにしましょう。

第2章
本物の国語力をおうちで身につける方法

学習の構造と「子どもが伸びる」教え方

では、どうすれば国語力が伸びるか。これからその点についてお話ししていきたいと思っていますが、その前に、どうしてもご説明しておかなければならないことがあります。それは「学習の構造と『子どもが伸びる』教え方」です。

国語力の上げ方をお話しする前に、先にこのことについて、少しご説明させてください。

「伸びる」ためには「教えないこと」が肝心

勉強でいうと、「伸びる」子どもは、**「自分で考えられる」**ということです。

人に教えられたことだけを「ふんふん」と理解していても（理解したつもりになっていても）、それは「暗記」に過ぎません。そういう子は、実際にテストで自分が教わったのと少しちがった角度から出題されたら、もう解けません。

進学塾の弊害の一つであるいわゆる「詰め込み」は、簡単に言えば、とにかく実際の入試などで過去に出題された問題を、すべて教えて暗記させてしまう勉強法のことです。

理解させずに過去問の解き方だけを教える。大量の内容を猛烈なスピードでこなしていく。こんな方法でも、理解力の高い一部の子どもは、なんとか理解していく。そういう子どもだけが実力をアップさせることができている。

これが進学塾の実態です。子どもの力を本質的に向上させているわけではありません。

こういう「詰め込み」では、ほとんどの子どもは、教わっていないことや忘れてしまったことは解けません。「詰め込み学習」でつけられた力は、一時的には実力が上がったように見えるかもしれませんが、問題解決能力という面では、非常に低いのだということをご理解ください。

「伸びる」子どもに育てるということは、「自分で考えられる」力を身につけさせることです。そのためには**「教えない」ことが最も肝心になります**。教えてしまうと、自分で考える必要がなくなってしまうからです。

「教えない」でいて、子どもに解決法を探させる。子どもが自分で解決法を見つける。これが一番よい学習方法です。

では、「教えない」で難問が解けるようにするには、どうすればよいのでしょうか。

易しい問題なら「教え」なくても、子どもは問題を解きますね。解けそうな問題であれば、子どもはむしろ「答えを教えないで！」と、自分で解くことを望むものです。

「易しい問題」というのは、少々語弊がありますね。難しくても、自分で解きたがる子どももいます。自分で解こうとするか、解きたくない（解けない）と思うかは、子どもにとっての与えられた問題のハードルの高さに左右されます。

ハードルが高すぎると「こんなハードル、飛び越えられない」から、飛ぼうとする努力をしません。そのハードルに見向きもしないのです。

反対に、ハードルが低すぎて、子どもが「自分にももちろん飛び越えられるし、ほかの誰にでも飛び越えられる」と思った瞬間、子どもはそのハードルに対して興味がなくなってしまいます。誰にでも越えられる当たり前のものを、わざわざ飛び越えようとは思わないのです。

一番興味を引くハードルの高さは、「当たり前に越えられる高さより、少しだけ高いハードル」です。当たり前には越えられないが、少し努力すれば、あるいは少し工夫すれば越えられるかもしれない。これが最も興味をそそるハードルの高さです。

難問だけを与えても意味がない

さて、実際の勉強の場合、高いハードル、つまり難関校、超難関校を志望校としている場合、どうしてもその学校の入試に出題されるような問題が解けることを、お母さんは望まれます。

そのお気持ちはよく理解できるのですが、はてさて、そのハードルが今の子どもにとってまだまだ高くてまったく歯が立たないようなハードルだった場合、それでもそのような難問を子どもに解かせる（解かせようとする）ことは、子どもの学力にとって価値のあることなのでしょうか。また、難関校を希望している子どもに、もっと低いハードルの問題を練習させることは、意味のないことなのでしょうか。

私は、たとえ志望校が難関校であろうと中堅校であろうと易しい学校であろうと、**その**

子に最も合ったハードルを与えることが、その子にとって最もよく伸びる方法である、と申しておきます。

ここで、私とお母さん方との考え方の違いが明らかになります。その違いで多くの場合、もめごとが起きるんですね。

お母さん方のお考えでは、難関校を受験する場合、塾には、その難関校に出題されるような高いハードル（難問）を与えてほしい。高いハードル（難問）を越えることが求められているのに、ハードルを低く（問題を易しく）してしまえば、それは高いハードル（難問）を越える練習にならないのではないか。低いハードル（易しい問題）を越える練習は、意味がないのでは？　そうおっしゃいます。この点がいつでももめごとのタネになる。

大手の進学塾は、そのようなお母さん方のお気持ちをとらえて、「うちは他の進学塾と比べてこんなにも難しい勉強をさせていますよ。こんなにも速い進度で授業を進めていますよ。こんなにも低学年から授業をしていますよ」と訴える。

さすが営利企業。消費者の気持ちをつかんで逃がさない（笑）。

確かに難関校に合格するためには、その難関校の入試に出題される難問のうち、いくつか（全部ではありません！）は解けなければなりません。だから、そういう難問に当たって練習して慣れておく必要があるのは事実です。

しかし、その難問が現時点の子どもにとって難しすぎる、つまり現時点ではハードルの高すぎる問題であれば、無理に解かせたところで、それは理解できないまま解き方を教えられた暗記に過ぎませんから、子どもが自力で解けるようには決してなりません。それどころか、かえって勉強のできない子どもにしてしまうおそれがあります。

目の前にとても飛び越えられないような高い高いハードルがあったとき、人はそれを飛び越えようという気持ちより、どうせ飛び越えられない（本当に越えられないのだから）というあきらめの気持ちを持ってしまうからです。

また、そういうハードルを、人の手を借りてむりやり乗り越えるということをくり返していると、子どもは「ハードルとは、人に手を引いてもらって背中を押してもらって乗り越えるものだ」と誤解します。

つまり、「勉強とは、誰かに教えてもらうことだ」「勉強とは、理解していないことを教えられたそのままに暗記して書くことだ」というふうに間違って理解してしまうのです。

「教室では解けているのに、家に帰って宿題をすると解けない」や「親から見れば同じ内容の問題なのに、問題文の書かれ方が少し違っているだけで解けない」などという進学塾の子どもはたくさんいます。こういう子どもは、「理解する」という勉強の本質がわかっていない可能性が高いのです。

できるだけ早く今のその勉強方法を改めないと、「理解しないまま解き方を覚えることが勉強だ」と体にしみついてしまいます。そうなると、本来どんな子どもにも必ずやってくる「理解力の高まる学力の成長期」に学力が伸びないという取り返しのつかないことになってしまうおそれがあります。

「子ども本人がどう思うか」が重要

正確に言うと、ハードルの高さ（難しさ）そのものは、重要なポイントではありません。いくら高いハードル（難問）であっても、子ども本人が「越えられる（解ける）」と思えば前向きに取り組みますし、頭も動いてとてもよい勉強になります。もちろん、しっかり考えればそれを越えられる可能性があるだけの基礎力がすでについていることが前提です。

反対に、子ども本人が「越えられない」と思っていれば、どんなに低いハードルであっても越えられないし、それを無理に大人が手を引いて越えさせたとしても、本人の実力にはなりません。

大切な要素の一つは、実際のハードルの高さ（問題の難しさ）ではなく、子ども本人がどう思うか、なのです。

実際の子どもの成長の過程を見てみると、低いハードルを乗り越える訓練をしっかりして、低いハードルならいつでも越えられるようになると、中くらいの高さのハードルに挑もうという意欲が芽ばえてきます。

中くらいのハードルをいつでも越えられるぐらいに能力が高くなれば、今度は高いハードルでも乗り越えられると思えるようになる。実際のハードルは高くても、越えようとする子ども本人にとっては高くありません。子どもの考えるハードルの高さは、たとえ難問であってもそんなに高くなくなるのです。

そうすると、本当に頭がよく動きますし、考える力の高い子どもができ上がるというわけです。

それはすなわち、**基礎の部分をしっかり鍛えると、応用力もつく**ということにほかなりません。

ハードルは「少し高い」くらいに設定するのが肝

具体的に勉強の例で表してみましょう。

たとえば、中学受験に出題されるような勉強において、大ざっぱですが「基礎問題」「応用問題」「難問」と難度が分かれていることにしましょう。

この問題に初めて取り組む子どもAくんにとって、「ア」のレベルの基礎問題を理解するためには、「A〜ア」の考える量が必要です。もし同じ学力の子どもに「イ」レベルの問題を与えると、その子は「A〜イ」の考える量が必要なことになります（図6）。

基礎が十分理解できている子どもBくんに「イ」レベルの応用問題を与えたとしましょう。Bくんにとって基礎の部分は十分理解できているので、考える必要はありません。Bくんの考えるスタートの部分は、図7の「B」の部分です。

図6

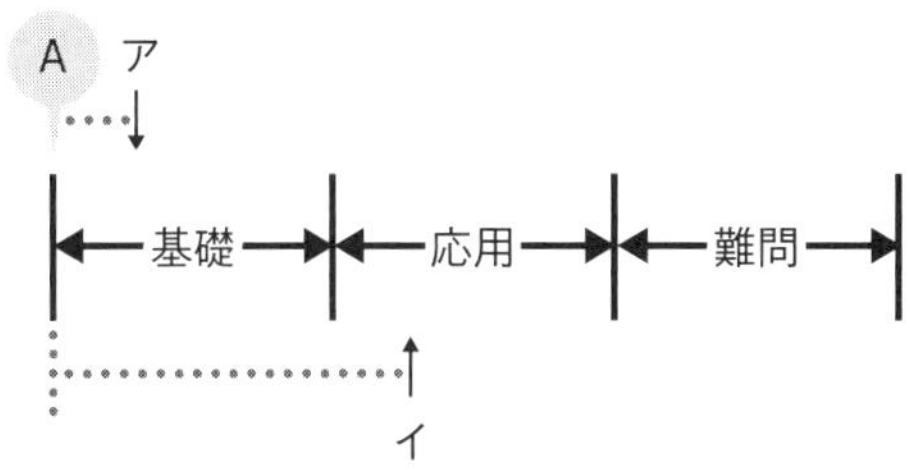

図7

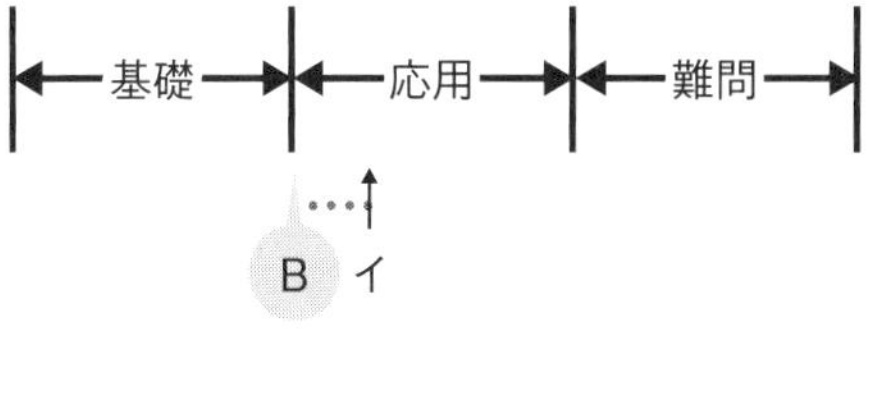

ですから、Bくんにとっては「イ」レベルの応用問題であっても、「B〜イ」の考える量だけでよいことになります。

基礎をまだ理解できていないAくんが「ア」レベルの基礎問題を考えることと、基礎は十分に理解しているBくんが「イ」レベルの応用問題を考えることとは、同じぐらいの難しさなのです。

「イ」レベルの応用問題を考えるとき、Aくんの考える量は「A〜イ」、Bくんの考える量は「B〜イ」です。これが「ハードルの高さ」に相当します。同じ問題を解いていても、Aくんのハードルは高く、基礎を十分に理解できているBくんのハードルは低い、ということです。

なので、Bくんは「イ」レベルの応用問題でも、自分で解けそうだと思い、自分で考えます。頭が動くのです。頭が動いて自分で考えるから、それはそのまま自分の力となります。

もし、同じ「イ」レベルの応用問題をAくんが解こうと思えば、「A〜イ」という高い

図8

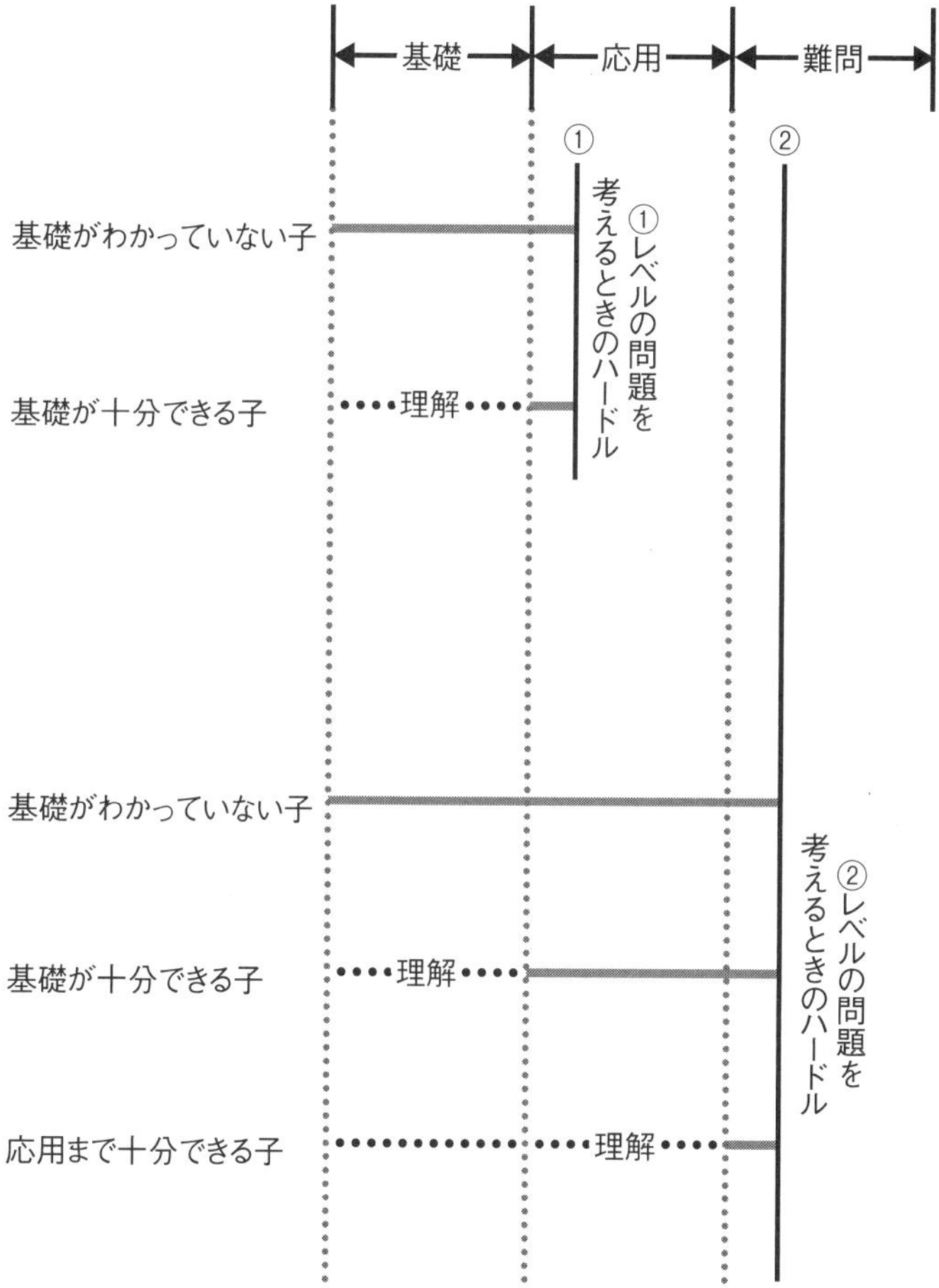
基礎
応用
難問
①
②
基礎がわかっていない子
基礎が十分できる子
理解
①レベルの問題を考えるときのハードル
基礎がわかっていない子
基礎が十分できる子
理解
応用まで十分できる子
理解
②レベルの問題を考えるときのハードル

ハードルを越えなければなりません。「自分には無理だ」と思うと、頭は動かないのです。頭が動かないから、誰かが解き方を教えてくれるのを待つだけです。「どうして自分から考えようとしないの！」と大人は責めますが、分からないものは分からない。

まったく分からない状態でも解説をじっと待つのは、かなり優秀な子どもです。まったく分からないと、普通はほかのことに気が行ってしまいます。隣の子どもとしゃべったり、ちょっかいを出したり。

こういう状態の子どもに、無理に解き方を教えて解かせたところで、それは一回きりのことで、理解のない丸暗記に過ぎません。だから、今度同じ問題に取り組んだところで、解けないでしょう。

仮にしっかり暗記していたとしたら、まったく同じ問題なら解けるかもしれません。しかし、少しひねった問題になると、どうにも歯が立たない、ということになってしまいます。

応用問題までスラスラ解けるようになっているCくんにとって、「ウ」レベルの難問でさえ、ハードルの高さは「C～ウ」ですから、難しくありません（図9）。これは、Aく

図9

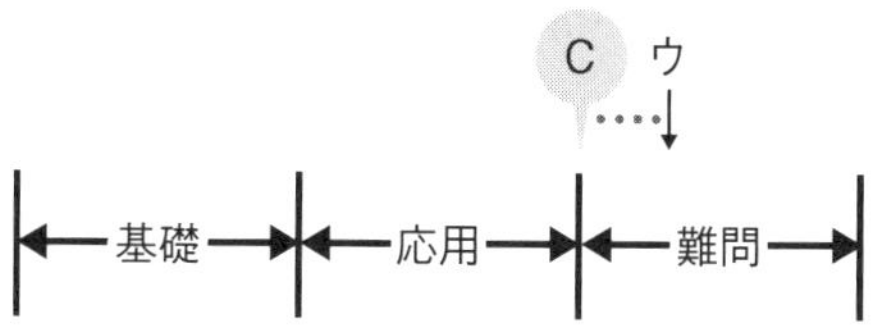

んが基礎問題に取り組んでいるのと、ハードルの高さはまったく同じだからです。

きちんと基礎から理解するという学習を積み重ねてきた子どもなら、大人でも難しいと思うような難問を、自力で解いたりします。プロの私たちでさえ、「これは難しいぞ」と思うような超難問でも、「教えないで！」と言って、ヒントも聞こうとせず、ウンウンうなりながら、正答にたどり着いたりもします。

教えてくれるのを待っていても身にはならない

学力、特に応用力とは自分で考える力のことだから、教えてもらうのを待つようでは、どんなに丁寧に教えてもらったとしても、自分の力となりません。むしろ、丁寧に教えてもらえばもらうほど、考える力がつかないのです。

学生アルバイトの家庭教師の場合、学生でも教えるのが非常にうまい人がいます。指導法を誰かに教わったわけでもないでしょうから、天賦の才能なのでしょう。

子どもにでも理解できるように、非常に丁寧に、分かりやすく教える。教わっている子どもも「よくわかった！」。教わったその場では、大変よく問題を解くのですね。目標の単元を、グングンこなしていく。

しかし、あんなにもよく分かって学習が順調に進んでいたにもかかわらず、いざ模擬テストを受けてみると、全然点数が取れない、数字に表れない、ということが結構あります。その場ではよく分かっていたのに、テストでは点数が取れない。その原因は、「先生がうまく教えたから」です。

教えるのがうまい先生は、懇切丁寧に、熱心に、くわしく、分かりやすく、どんどん教えます。どんどん教えてどんどん子どもが進んでいくのが楽しいのです。でもこのことが、普段の勉強のときにはよく解けているのに、実践のテストになると点数が取れないということの一番の原因であることが多いのです。

理解するためには、自分で考えなければなりません。**自分で考えるためには、適度な高さのハードルがなければなりません。**この教えるのが大変うまい家庭教師の先生は、どんどん教えることで、子どもにとってのハードルの高さを0にしてしまっているのです。

子どもには「自分で考える」という負荷を与えなければなりません。この教えるのがうまい先生は、子どもに負荷を与えず、全部自分で教えてしまっていたのです。子どもは教わるばかりで、自分で考えるという作業をしてこず、解き方を暗記しただけでした。

それでも、解き方が頭に残っているしばらくの間は、少々難しい問題でも解けていました。けれども、時間が経って暗記した内容を忘れてしまうと、もう易しい問題でも解けなくなってしまったのです。

本当は、それぞれの子どもに合わせて、ハードルを適当な高さに設定しなければなりません。それができるかどうかが、アマチュアのバイト先生と私たちのようなプロとの違いです。

教えるのが上手なバイト先生は、ハードルの高さを0にしてしまう。教え上手がかえってあだとなって、子どもの考える力を引き出せない。進学塾も、やっていることは反対でも結果は同じです。

教えるのがうまい家庭教師の先生とは反対に、進学塾はハードルの高さを上げすぎて、子どもの考える力を引き出せていない。だから進学塾に通わせると、かえって勉強のできない子どもをつくってしまうのです。

基礎の部分を徹底して訓練する。これは、事実上のハードルの高さを下げることにつながります。それによって、「これなら解けるぞ」というような、自分で考えて解こうという子ども自身の意欲を引き出す効果があります。

ですから、基礎の部分を徹底して鍛える。そうすることによって、応用問題に自ら取り組む力が身につきます。応用問題が解けるようになれば、またそれを徹底して鍛えてやる。そうすると、かなりの難問にでも自ら取り組もうとし、それらを解く力が身につきます。

こうして身についた力は、教えられ暗記したものではありませんから、「本物の」学力です。

考え方、解法を指導するのは学校、塾の役目

先に述べましたように、どれぐらいのハードルを与えるかは、非常に重要です。子どもが「これなら越えられるぞ」と思えるハードルの高さは、子どもそれぞれによってちがいます。

チャレンジ精神の旺盛な子どもなら、かなり高いハードルにでも挑戦しようとします。また、何事にも慎重なタイプの子どもは、ハードルをかなり低めに設定しないと、飛んでみようとしません。それら細かい部分まで見極められるのが、プロの先生です。

「教えるのが得意だ」と自任なさっているお父さん、お母さんでも、その適度なハードルの高さというところまでは、なかなかお分かりにならないと思います。

ですから、学習の「指導」に関しては、プロに任せるのが一番です。ただし、本当のプロを探してくださいね。

おうちでお教えになる場合は、**ヒント程度にとどめておいてください**。あるいは、**途中**

までは教えても、最後までは教えない。少し控えめになさるのがよいでしょう。

それでも子どもが問題をこなせないようでしたら、教え方以外に、問題のレベルが高すぎる、問題量が多すぎる、などの原因が考えられます。

いずれにせよ、おうちでの指導がうまくいかなければ、学校や塾など、プロの指導者に任せていただくのがよいでしょう。

正誤の区別をつけるのが親の役目

親御さんにおうちでなさっていただきたい、子どもの学習のサポートは「○つけ」です。

小学生の段階で、子どもが自分で「正しい○つけ」をすることはできません（正答を見て○か×かを判断するのは、小学生でも高学年になれば、ほぼ正確にできます）。しかし学習にとって大切なのは、○つけの後です。

○つけをしてそのまま放っておくのであれば、○つけをした意味がありません。○つけをする理由は、間違った問題、解けなかった問題を発見し、それを正しく解けるようにするためです。だから間違った問題は、必ず「直し」をしなければなりません。

「直し」をするのは、1回目に解くより大変なことです。自分が正しいと考えて書いた答えを修正するのは、非常に高度な能力が必要なのです。

間違いを指摘されてもそれを直さない、直せない人というのは、大人にもたくさんいます。自分が正しいと思ってしたことを修正するのは、大人でさえたいへん難しいのです。


子どもが正答を見て、間違った部分を正答を見ながら修正した。これは「直し」ではありません。正答を「写した」だけです。よく「正しい答えを写しておきなさい」と指導している親御さんや、まれには先生もいますが、正しい答えを丸写しすることには、問題の理解という側面から見れば、多くの場合、意味がありません。

間違った部分については、もう一度考え直して、どこが間違ったのか、なぜ間違ったのかを、自分で確認し納得する必要があります。それが「直し」です。

しかし、いったん正しい答えや解き方を見てしまうと、もう一度、一から考えて解き直したり、間違った理由を発見したりするのを、小学生ぐらいの発達の段階で一人で行うのは、おそらく無理なのです。

ですから、○つけは必ず親御さんがしてあげてください。親御さんの大切な役割は、問題の解き方を教えることではなく、**○つけをして正誤の判断をして、間違った問題にもう一度取り組ませる**ことです。

国語力が伸びた子どもの例

「長切問題」で国語力が向上しないという事実は、何も私が多くの行数を割いてご説明しなくても、一度自分の子どもを進学塾に通わせたことのある親御さんなら、よくご存じのことでしょう。進学塾の国語クラスに通わせて、高い月謝を支払って、それに見合う国語力はつきましたか？

多くの親御さんは、「そう言えば、ほかの科目ほど目に見える成績アップはなかったかも」と、遠慮がちに答えられます。もっと突き詰めて具体的な数値をお尋ねすると、2年通っても3年通っても、ほとんど成績は向上していないのです。

一部の親御さんは、「ええ、成績が向上しました」とお答えになります。確かにそういう例もあります。もともと読書力は高かったけれども、「長切問題」に答える上手な方法を知らなかったから得点できなかっただけの子どもが、「長切問題」を練習して「長切問題」に正しく答える技術を学んだから、得点が向上したのです。あるいは、もともと読書力が高くて、それが成長とともに顕在化しただけの場合です。

「長切問題」を解くことによって国語の成績がアップした子どもは、「もともと読書力がそこそこ高かった」のです。本を読むことが苦手な子どもが、「長切問題」や「論理の国語問題集」だけで国語力が向上することなど決してないのだと、私は断言しておきます。

事例1　本が読めないAくん

小4のときに私の教室エム・アクセスに入会したAくんは、学年相応の本の音読がスラスラとできない状態でした。「たろうくん／はきのうとな／りまちのこ／うえんにあそび／にいきま／した」というような読み方をする子どもです。こういう子どもは、週1回の授業だけでは、とても間に合いません。

親御さんに、Aくんのおうちでの様子をおうかがいしました。「本は読まれますか？」とお尋ねすると、「いいえ、ほとんど読みません」ということでした。「ほとんど読まない」というのは「一度もすすんで読んだことがない」という意味でしょう。

これぐらいの子どもですと、中学受験向けの業者模試で偏差値40ぐらいです。進学塾主催の模試ですと、その5～10ぐらい下の数値がつけられます。

私は親御さんにAくんの現状をお話しし、まずは文字を読む訓練ができていないことが、国語力のネックになっていることをお話ししました。そして、おうちでの課題として、「学校の教科書の文章一単元を、一日に10回連続で音読させてください」とお願いしました。

国語力に関する私のご説明はよくご理解いただいていたので、それから毎日必ず、教科書10回の音読をさせて、確認していただきました。

私の経験で申しますと、このレベルの子どもに音読をきちんとさせると、わずか半年ぐらいで偏差値5ぐらい、場合によっては10ぐらい上げることができます。音読だけで、それ以外の国語の勉強を一切させずにです。

さて、実際にAくんは週に5、6日、教科書10回の音読をきちんとこなしてくれました。親御さんがしっかりと見てくださったということです。その音読の訓練だけで、42だった偏差値が半年後には49にまで向上しました。

お母さんは成績が上がったことももちろん喜んでいらっしゃいましたが、それよりAくんが初見の文章をかなりスラスラ読むようになり、さらには自分からすすんで本を読むようになったことに、驚いていらっしゃいました。

「いやあ、先生、びっくりです」

私にとってはびっくりすることではありません。当然の結果です。走るのが遅い子どもでも、専門のトレーナーについて半年も走る訓練をすれば、タイムが向上するのは当たり前でしょう。タイムが向上すると、自分から走りたいという気持ちを持つようになるものです。

読書は本来、面白いものなので、本が読めるようになると自分から読みたいと思うのは自然なことです。

一般的に偏差値40を50にするのは、親御さんの協力があれば実はそんなに難しいことではありません。しかし、偏差値50（平均値）を60（上位10％ぐらい）に上げるのはかなり難しいことです。さらに、偏差値60を70（上位数％）にするのは、非常に困難なのです。

これは、たとえば50メートルを10秒で走る子どもを9秒にするのはそう難しくないが、7秒で走る子どもを6秒にするのはかなり困難だということと同じです。数値が高くなればなるほど、同じ偏差値1でも上げるのは困難になります。

Aくんのこれからの課題は「暗唱」です。私が与える課題をきちんとこなしていけば、ほかの国語の勉強を一切させずとも、あと偏差値5は上げることが可能です。

事例2　本が読めるBさん

Bさんは、小6の夏休みにエム・アクセスに入会しました。偏差値60台の難関校を志望していますが、国語がどうも伸びないということで、大手進学塾をやめてエム・アクセスに来ました。

私はお母さんのお話をうかがい、本人とも話をしてみて、この子は読書はできるし、ほぼ正しく内容を読み取れてはいるけれども、自分の思いや考えを表現する技術と経験に欠けている、かつ女の子によくある「筋道立てて考えないで、自分の感性のみで判断するクセがある」のだと判断しました。

そこで、難しめの「長切問題集」を一冊与え、その設問のうち私が指示した設問（彼女にとって欠けている部分を鍛えるであろう設問）だけ解かせることにしました。

すると、今まで10問中6、7問は平均して正解できていたのに、私の与えた問題では、平均2、3問しか正解しなくなってしまいました。

最初はかなりへこんでしまっていて、「もういやだ。やりたくない」というようなことをさんざん言っていたのですが、「これがあなたの実力なんだ」ということと、「私の言うとおりにがんばれば、必ず成績が上がる」と説得し、なだめすかしながら、同じ方法を続けさせました。

週に3回の個別レッスンを二月ほど続けると、Bさんの様子が変わってきました。相変わらず、「いやだ。やりたくない」とは言い続けていましたが、問題に取り組んでいるときの様子が違ってきたのです。

学校の先生や塾の講師などをして、毎日子どもの学習の様子を見ていると、その子がどれぐらい本気で問題に取り組んでいるかが分かるようになります。同じ集中してやっているのでも、自ら本気で取り組んでいるのか、仕方なくいやいややっているのかは、肌で感じられます。

Bさんは、口では「もういやだ」とは言い続けていた（受験が終わるまで言い続けていました。笑）のですが、「理解できる」あるいは「解ける」という手応えを自分自身が持つようになったのでしょう。口とは裏腹に、問題に対しては真剣に取り組むようになったのです。

そして、私の渡した一冊をやりとげ（指示した問題のみ）、新たに最難問レベルの問題集に取りかかるようになったのです。

私は、彼女のその真剣に問題に取り組む姿勢が見られるようになった時点で、「ああ、この子は大丈夫だ」と思いました。入試は水物ですから、どんなに力のある子どもでも合格しないことがありますし、どんなに成績が足りていない子どもでも合格をもぎ取ってくることもあります。

Bさんも、もちろん「絶対に合格する」とは言い切れないまでも、合格できるだけの力は、入試日までに十分つけさせることができると、私は確信したのでした。

結果、Bさんはみごと偏差値60台（※）の難関の志望校に合格することができました。

※ 模擬試験業者による模擬テストの場合の偏差値。進学塾主催の模擬テストの場合は、これより5〜10ほど低い数値になることが多い。

事例3 国語力が非常に高いCさん

小学生の段階でも、京大の文系国語の二次試験で60％正解するレベルの子はまれにいます。次は、それぐらいの国語力を持っている生徒のうちの一人で、小学生のときからエム・アクセスに来てくれていて、中学3年生になったCさんの場合です。

Cさんには、国語の受験対策をさせる必要は一切ありません。こういう子どもでも、多くの進学塾は、中学生なら「英数国理社」の5科目セット、あるいは少なくても「英数国」3科目セットで受講しなければなりません。

特に受験間際になると、「総合特訓」だとか「入試対策」だとかで、どうしたって、全教科その塾で学習しなければならなくなってしまいます。

Cさんのような生徒の場合、国語の勉強に時間を取られることは、まったく無駄です。その時間をほかの比較的苦手な科目に当てた方が、ずっと合理的で効率がいい。ですから私は、「国語の受験対策はしなくてもよろしい」とはっきりと言いました。

しかしながら、生徒本人はやはり何も勉強しないというのは不安なのですね。私に、その不安な気持ちをぶつけてきました。もちろん、私の指導方法に信頼を置いていてくれるから、その不安な気持ちを隠さずに打ち明けてくれたのでした。

私は言いました。

「あなたは、読解力でいえば全国トップレベルにいるのだから、国語だけならば十分合格点に達することを保証するよ。ただ、今の国語力を維持することは絶対に必要なことだから、新聞の社説を毎日きちんと読みなさい。

分からない語句や内容があれば、それをそのまま持ってきて私に質問しなさい。そして、数学や英語などのほかの勉強に疲れたときに、休憩時間に好きな本を読んだらいい」

女子は比較的、文学的文章が得意で説明的文章が苦手な傾向があります。彼女もその例にもれず、もちろんどちらの読解力も高いのですが、比較すると説明的文章の方が平均的に点数が低かったのです。

ですから、Cさんの読書の力からすると、説明的文章であっても、もっと点数が取れるように訓練で向上させることができると考え、また、文章を読む習慣は絶対に残しておきたかったので、毎日必ず新聞を読みなさいと指示したのでした。

社会情勢というのは、新聞紙面に書かれていること以外に、非常に複雑な重層構造になっています。新聞には、その一番表層の部分しか書かれていません。ですから、中学生くらいの子どもがその深い部分まで読み取って理解するのは、まだまだ難しいのです。しかし私は彼女に、その深い部分まで教えるつもりでいました。それに耐える力があると思っていたからです。

彼女は、毎日ではないながら、新聞の読めそうな社説や気になった国際情勢記事に目を通して、分からないところを質問しにきました。その解説をすることによって、かなり深い層まで理解してくれたと思います。

もともと、さまざまなことに興味を持って、常識にとらわれずに、自分でおかしいと思ったことはおかしいと言える子どもだったので、その指導法は非常に有効だったと思います。

そしてそれは、国語のみならず社会の学習にも非常に役立ったようです。もちろん、それも期待して「新聞を読みなさい」と言ったのですが。

結果、Cさんは偏差値70の超難関高校に合格することができました。さらに希望する難関大学の「国際関係」の学部に入学することもでき、留学生活も楽しみながら、充実した日々を送っているようです。

お子さんの国語力のレベルを知る

子どもの学力がどの程度のときに、どのような学習が最も合っているか。これは国語に限らず悩ましい問題です。その子に最も合った学習が、その子にとって最もよい学習なのですが、それがどの程度のレベルの、どのような内容なのかなどは、なかなか分かりにくいものです。

特に国語は、その力の要素の種類がたいへん多いので、何をいつごろ学習すればよいのかは、大変見えにくくなっています。

この分かりにくい国語力を分かりやすい段階に明示し、さらにそれぞれの段階のときにふさわしい学習法、学習内容を示すために、次のページの「国語力チェックテスト」をつくりました。

157ページ以降の「判定」とあわせて、今、自分の子どもの国語力にとってどういう学習が必要かの参考になさってください。

《国語力チェックテスト》

現在の国語力のレベルを調べるための、簡単なテストです。

152〜156ページの竹久夢二「風」を子どもに音読させて、読むのにかかる時間および読み方をチェックしていただきます。

・時計、ストップウォッチなど、時間の計測できるものを用意してください。

・「題名」「作者名」の部分から読ませてください。読み間違ったとき、はっきりと聞こえなかったときは、その部分を訂正して読み直しさせてください。読むスピードや、読み方の上手下手は指摘しなくて結構です。

・「題名」からスタートして、【A】の部分まで読ませてください。

・【A】まで読むのに1分15秒を超えた場合は、そこで終了してください。
・【A】まで読んだ時間が1分15秒以内であれば、そのまま止めずに続けて、最後まで読ませてください。
そして、最初から最後まで読むのにかかったタイムを記録しておいてください。
→判定方法は、157ページ以降をお読みください。

風《かぜ》

竹久《たけひさ》　夢二《ゆめじ》

風《かぜ》が、山《やま》の方《ほう》から吹《ふ》いて来《き》ました。学校《がっこう》の先生《せんせい》がお通《とお》りになると、街《まち》で遊《あそ》んでいた生徒《せいと》たちが、みんなおじぎをするように、風《かぜ》が通《とお》ると、林《はやし》に立《た》っている若《わか》いこずえも、野《の》の草《くさ》も、みんなおじぎをするのでした。

風《かぜ》は、街《まち》の方《ほう》へも吹《ふ》いて来《き》ました。それはたいそうおもしろそうでした。教会《きょうかい》の十字塔《じゅうじとう》を吹《ふ》いたり、煙突《えんとつ》の口《くち》で鳴《な》ったり、街《まち》の角《かど》をまわるときトンボ返《がえ》りをしたりするようすは、とてもおもしろそうで、ちょうど子《こ》どもたちが「鬼《おに》ごっこするもんよっといで」と言《い》うように、「ダンスをするもんよっといで」といいながら、風《かぜ》の遊《あそ》び仲間《なかま》を集《あつ》めるのでした。

風《かぜ》がおもしろそうな歌《うた》をうたいながら、ダンスをしておどりまわるので、干物台《ほしものだい》のエプロンや、子《こ》どもの着物《きもの》もダンスをはじめます。すると木《こ》の葉《は》も、枝《えだ》の端《はし》でおどりだす。街《まち》に落《お》ちていたタバコのすいがらも、紙《かみ》くずも空《そら》にまい上《あが》っておどるのでした。【A】

その時《とき》、街《まち》を歩《ある》いていた幸太郎《こうたろう》という子《こ》どもの帽子《ぼうし》が浮《う》かれだして、いつの間《ま》にか、幸太郎《こうたろう》の頭《あたま》から飛《と》び下《お》りて、ダンスをしながら街《まち》をかけだしました。その帽子《ぼうし》には、長《なが》いリボンがついていたから、遠《とお》くから見《み》るとまるで鳥《とり》のように飛《と》ぶのでした。幸太郎《こうたろう》は、驚《おどろ》いて、「止《と》まれ！」と号令《ごうれい》をかけたが、帽子《ぼうし》は聞《きこ》えないふりをして、風《かぜ》とふざけながら、どんどん大《おお》通《どお》りの方《ほう》までとんでゆきます。

一生懸命《いっしょうけんめい》に、幸太郎《こうたろう》は追《お》っかけたから、やっとのことで追《お》いついて、帽子《ぼうし》のリボンを押《おさ》えようとすると、またどっと風《かぜ》が吹《ふ》いてきたので、こんどはまるで輪《わ》のようにくるくるとまわりながらかけだしました。

「坊《ぼっ》ちゃん、なかなかつかまりませんよ。」

帽子《ぼうし》がかけながらいうのです。

すると、こんどは大通《おおどお》りから横町《よこちょう》の方《ほう》へ風《かぜ》が吹《ふ》きまわしたので、幸太郎《こうたろう》の帽子《ぼうし》も、風《かぜ》といっしょに、横町《よこちょう》へまがってしまいました。そしてそこにあったビールだるのかげへかくれました。

幸太郎《こうたろう》は大急《おおいそ》ぎで、横町《よこちょう》の角《かど》までできたが、帽子《ぼうし》は見《み》つかりません。

「ぼくの帽子《ぼうし》がないや」

幸太郎《こうたろう》は、もう泣《な》きだしそうになって言《い》いました。帽子《ぼうし》をつれていった風《かぜ》も、幸太郎《こうたろう》を気《き》の毒《どく》になってきて、

「坊《ぼっ》ちゃん、私《わたし》が見《み》つけてあげましょう。」

そういって、ビールだるのかげの帽子《ぼうし》のしっぽを、ひらひ

らと吹《ふ》いて見《み》せました。幸太郎《こうたろう》は、すぐ帽子《ぼうし》のある所《ところ》を見《み》つけました。

「ばんざい！」

幸太郎《こうたろう》は、帽子《ぼうし》のしっぽをつかんでさけびました。

「風《かぜ》やい、もう取《と》られないぞ！」

幸太郎《こうたろう》は、帽子《ぼうし》のつばを両手《りょうて》で、しっかり握《にぎ》っていいました。

「ほう、ほう」風《かぜ》はそう言《い》いながら、飛《と》んで行《い》きました。

エプロンも、木《こ》の葉《は》も、紙《かみ》くずもまたダンスをしていたけれど、幸太郎《こうたろう》の帽子《ぼうし》はもうダンスをしませんでした。

（おわり）

○判定

▼チェック1：【A】までに1分15秒を超えた場合は、「**レベル1**」の学習をしてください（↓160ページ）。

▼チェック2：最初から**【A】**まで読むのに1分15秒以内で、最初から最後まで読んだタイムが4分30秒を超えた場合は、「**レベル2**」の学習をしてください（↓162ページ）。

最後まで読んだタイムが4分30秒以内の場合は、「**チェック3**」へ。

▼チェック3：句点（。）、読点（、）で間《ま》をとって読めていたか、文節の区切れ目以外の部分で切れたり止まったりしなかったか判断してください。

文節の区切れ目以外の部分で切れたり止まったりというのは、たとえば「かぜが／やまのほう／からふいてき／ましたがっこう／のせんせいがおと／おりになるとまち／であそ

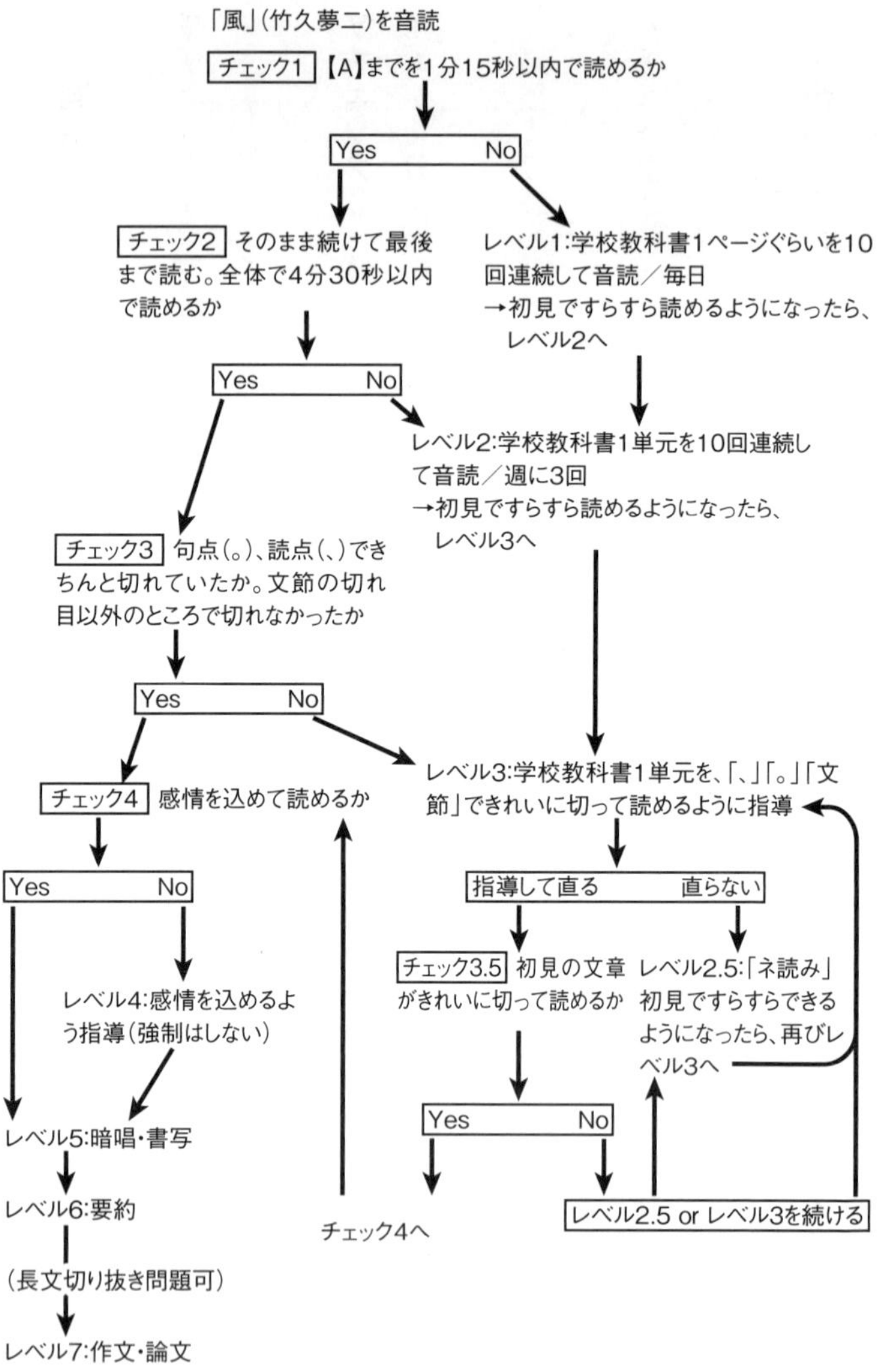

「風」(竹久夢二)を音読
チェック1 【A】までを1分15秒以内で読めるか
Yes No
チェック2 そのまま続けて最後まで読む。全体で4分30秒以内で読めるか
レベル1:学校教科書1ページぐらいを10回連続して音読/毎日
→初見ですらすら読めるようになったら、レベル2へ
Yes No
レベル2:学校教科書1単元を10回連続して音読/週に3回
→初見ですらすら読めるようになったら、レベル3へ
チェック3 句点(。)、読点(、)できちんと切れていたか。文節の切れ目以外のところで切れなかったか
Yes No
チェック4 感情を込めて読めるか
レベル3:学校教科書1単元を、「、」「。」「文節」できれいに切って読めるように指導
Yes No
指導して直る 直らない
レベル4:感情を込めるよう指導(強制はしない)
チェック3.5 初見の文章がきれいに切って読めるか
レベル2.5:「ネ読み」初見ですらすらできるようになったら、再びレベル3へ
レベル5:暗唱・書写
Yes No
レベル6:要約
チェック4へ
レベル2.5 or レベル3を続ける
(長文切り抜き問題可)
レベル7:作文・論文

／んでい／たせいとた／ちがみん／……」というような不自然な読み方のことです。

不自然な読み方が多かった場合は、「**レベル3**」の学習をしてください（↓162ページ）。

おおよそ自然に読めていた場合は「**チェック4**」へ。

▼チェック4：自然に感情がこもった読み方ができていなければ、「**レベル4**」の学習をしてください（↓164ページ）。

できていれば、「**レベル5**」の学習をしてください（↓165ページ）。

感情がこもった読み方ができていなくても、内容を理解しているだろうと考えられる場合は、「レベル5」の学習に進んでかまいません。子どもによっては、感情の表現を恥ずかしいと考えることもあるので、表現ができないことと理解ができていないことは必ずしも一致しないからです。

感情のこもった読み方とは、声のトーンの高い低いがある、声の大小がある、スピードの緩急がある、などです。

レベル5以降の学習は、順に「**レベル6**」（↓168ページ）、「**レベル7**」（↓170ページ）へと進めていってください。

レベル別学習方法

レベル1の練習

小学校1年生レベルです。この段階では、まだ文字、文を読む練習ができていません。**学校の教科書およそ1ページぐらいの量の文章を、10回連続して音読する練習をしてください。**1回読んで少し休んで、また最初に戻って同じ文章を読む、ということを続けて10回くり返します。

とにかく、毎日することです。同じ日に読むのは同じ文章10回ですが、次の日に読むのは、同じ文章でも違う文章でもかまいません。

前の日に読んだ文章がまだまだすらすらと読めていない場合は、同じ文章を練習するのがよいでしょう。すらすらと読めるようになっている場合は、違う文章で練習します。

お母さん、お父さんは横について、読み方が間違っていないか、文節などの切れ目が正しいかチェックしてください。間違った場合は、その場所だけを訂正するのではなく、文節や意味の区切れ目まで少し戻って、読み直しをさせます。

たとえば、「風が、山の方から吹いて**行き**ました」と間違った場合は、「行き→来」の部分だけ訂正させるのではなく、少し前の「吹いて」から読み直しをさせ「吹いて**来**ました」と読ませます。

また、「かぜが／やまのほうから**ふ／い**てきました」と切れ目がおかしい場合も、その少し前まで戻って「やまのほうから／ふいてきました」と言えるように指導します。

1ページ分では量が多くて10回連続で読めない場合は、最初は半ページぐらいの量の練習から始めてもかまいません。練習して上達してきたら、1ページぐらいの分量に増やしてください。

読む文章は、学年相応の文章でよいので、学校の教科書レベルが適しています。

レベル2の練習

小学校2年生レベルです。短い文なら比較的すらすら読めても、それを長く続ける体力（読書体力）がありません。少し長めの文章を音読する練習をしましょう。

学校の教科書およそ1単元ぐらいの量の文章を、10回連続して音読する練習をしてください。練習およびチェックの方法は、レベル1と同じです。「読み間違い」「切れ目」に加えて、「ハキハキと切れのよい読み方ができているか」もチェック項目に入れてください。

「かぜあぁ／やまのぉ／ほーかあぁ／ふいてきまし……」などのように、一語一語明確でない、語尾がはっきりしないのは、必ず指摘して、ハキハキと読ませるように指導します。

レベル3の練習

小学校3、4年生レベルです。長い文章も最後までだいたいすらすら読めますが、まだ「間《ま》」をとることができず、本人は意味を分かって読んでいても、必要なところで切って読めません。**学校教科書1単元を、句点「。」、読点「、」、文節の切れ目で、切って音読で**

きるように訓練します。

だいたいの子どもは、その都度指摘して修正するということをくり返せばきちんと読めるようになりますが、指摘してもなかなか修正できない子どもがたまにいます。

そういう場合は、少しだけ戻って**「レベル2・5」**の練習をします。

文節の区切れ目を明確に意識しないで読んでいる場合は、「ネ読み」の練習をしてください。

「ネ読み」とは、文節ごとに「ネ」という間《あい》の手を入れて音読することです。たとえば、「風が**ネ**山の方から**ネ**吹いて**ネ**来ました**ネ**。学校の**ネ**先生が**ネ**お通りに**ネ**なると**ネ**街で**ネ**遊んで**ネ**いた**ネ**生徒たちが**ネ**みんな**ネ**おじぎを**ネ**する**ネ**ように**ネ**風が**ネ**通ると**ネ**林に**ネ**立って**ネ**いる**ネ**若い**ネ**こずえも**ネ**野の**ネ**草も**ネ**みんな**ネ**おじぎを**ネ**するのでした**ネ**」のように読みます。

必ずしも、文節の区切れ目すべてに「ネ」を入れる必要はありません。これは文法の学習ではありませんので、「風が**ネ**山の方から**ネ**吹いて来ました**ネ**。学校の先生が**ネ**お通りになると**ネ**街で遊んでいた**ネ**生徒たちが**ネ**みんな**ネ**おじぎを**ネ**するように**ネ**風が**ネ**通ると**ネ**林に**ネ**立っている**ネ**若いこずえも**ネ**野の草も**ネ**みんな**ネ**おじぎをするのでした**ネ**」ぐらいでも結構です。ただし、文節の区切れ目でないところに間違った「**ネ**」を入れた場合は、必ず訂正してください。

また、「**ネ**」でなくてもよいので、「風が**ネ**山の方から**ネ**吹いて来ました**ヨ**。学校の先生が**ネ**お通りになると**ネ**街で遊んでいた**ネ**生徒たちが**ネ**みんな**ネ**おじぎを**ネ**するように**ネ**風が**ネ**通ると**ネ**林に**ネ**立っている**ネ**若いこずえも**ネ**野の草も**ネ**みんな**ネ**おじぎをするのでした**ヨ**」など、適宜「ヨ」など読みやすい言葉を入れていただいても結構です。

レベル4の練習

「チェック4」でお話ししたように、感情の表現は得意不得意がありますので、必ずしも強制しなくて結構です。

「こんなときには、少し声を大きくする」「こんな場合は、少しゆっくりめに読む」など

と教えてあげてください。よりよく音読できるようになります。

レベル5の練習

およそ小学校5年生ぐらいのレベルです。「レベル4」が超えられると、かなり読むのが上手になっていますし、それは文章の内容がよく分かっているということです。

この時期に、「暗唱・書写」の訓練をしてください。

学習とは、過去の優れた人の残したものをマネすることから始まります。芸術はもちろんそうですし、武道などでも「見取り稽古」という優れたイメージトレーニング法があります。

料理の世界では、最初は包丁にも触らせてもらえない、ひたすら調理器具の洗いと調理場の掃除ばかり。それでも、その合間合間に、師匠である名人の技を見ることによって、イメージトレーニングがなされ、自然と体に身につくものだといわれています。

「暗唱」は、名作、名文を一字一句そのまましっかりと覚えて、ソラで言えるようにすることです。「書写」は、名作、名文を一字一句違わないようにそのまま書き写すことです。「暗唱」も「書写」も、先人の残した名作、名文の語感、リズム感を身につけさせるものとして、非常に有効です。「暗唱」「書写」することは、いわゆる「イメージトレーニング」の一種なのです。

「暗唱」は暗記ですから、「暗唱」をよくすることによって、脳の「メモリ」の使い方が向上し、国語力のみならず思考力全般に寄与します。思考力は「論理の積み重ね」がどれだけできるか、という側面を持っています。「もしAならばBになる」→「もしBならばCになる」→「もしCならばDに……」という積み重ねですね。

この論理の段階の一つひとつは暗記です。自分が考えた「仮定」を頭にメモリできることが、論理の段階を深く積み重ねられるということにほかなりません。

ですから、暗記力が高まるということは、思考力の向上に大変寄与しますし、暗記力が高まらない限り、高い思考力は持てないとも言えます。

よく「覚えられない」とか「暗記が苦手」などと言い訳をする子どもがいますが、それは単なる訓練不足です。**暗記はほとんど訓練です。**もちろん個人差はあるものの、きちんと覚えるという作業を定期的にしていると、必ず暗記力は向上します。

どんな人でも筋力トレーニングをきちんとすれば、コンクールで優勝するほどにはならないにしても、ある程度の筋肉質の体型にすることはできます。

暗記も同じで、暗記の世界大会に出場できるような暗記力は、訓練だけではつけられないかもしれませんが、中学入試を乗り越えるぐらいの暗記力は、きちんと訓練すれば誰でも身につけることができます。「暗記が苦手」というのは、要するに訓練不足だということです。


でも、「ほら、暗記は訓練なのよ。暗記が苦手なのは、あなたがちゃんとやっていないからでしょ」と、子どもさんを責めるのはやめてください。

なぜなら、小学生ぐらいの子どもが、自分一人で暗記の「訓練」ができるかというと、それはなかなか難しいものだからです。ですから、**必ず親が側について、きちんとサポートしてあげてください。**


暗唱を定期的に行うということは、国語のよいイメージトレーニングであると同時に、暗記のよい訓練でもあります。ぜひ暗唱は定期的に行っていただきたいものです。

暗唱と書写のやり方の詳細は、194ページ以降でお話しします。

レベル6の練習

小学校6年生レベルです。「レベル5」の練習と並行してなさっていただいてかまいません。**ここでは、文章を短くまとめる「要約」の練習をします。**

一般に作文を書かせる場合、「では、思ったことを書いてみましょう」「あなたが感じたことをそのまま文章にしてみましょう」などと、特に作文を書くための技術指導があるわけではありません。現在の「作文指導」などは、その程度のものです。

特に受験をするわけでもなく、論文などの文章を書く必要がなければ、小学生に対してはその程度の指導でも、かまわないと言えばかまわないのです。

ですが、中学受験をするためにどうしてもそこそこ長文の文章が書けなければいけない、ということになれば、学校とは別にきちんと文章を書く練習をしなければなりません。

そのためには、**「文章を書く技術」**に重点を置いて練習をします。

「作文」や「感想文」では、自分で考えたり創作したりする力が必要になりますが、「要約」ではそれらの力は必要ではありません。元の文章があって、その文章を要約するという「書く技術」に重点を置いた訓練となりますから、「書く技術」を上げる効率のよい練習ができることになります。

私の教室エム・アクセスでは、受験生には、必ずこの「要約」の練習をさせます。夏休みの間、毎日一課題、30~40題の文章要約をみっちりとさせます。これをきちんとこなした生徒は、間違いなく国語の地力がアップしています。

それは、多くは客観的な数字にも表れますし、そうでなくても本人の「国語がよくわかるようになった」という自覚に表れ、受験のための自信となっています。

また、要約指導を受講したい生徒のために、年間を通して「要約」を練習するための登校クラス・通信指導コースも設けています。

要約の指導は、国語の得意な親御さんなら可能な場合もありますが、一般には専門家の指導を受けるのがよいでしょう。

レベル7の練習

難関中学受験レベルです。レベル6を超えるこの段階に達していれば、「長切問題」を解かせても、それによって得点力のアップが見込まれますし、**受験のためには「長切問題」の演習も必要になります**（ただし、206ページ以降の方法を参考にしてください）。また、過去問を解いて志望校の傾向に慣れる必要もあります。

反対に、まだこの段階に達していない状態で「長切問題」を解かせると、それは子どもの国語力向上には決してつながりません。むしろ、多くの場合は「長切問題」をさせることで、かえって国語力が下がります。ここは、くれぐれも誤解のなきようお願いします。「レベル7」では、作文・論文の指導が可能です。これには高度な指導技術と経験が必要ですので、専門家の指導を仰ぐことをお勧めします。

本物の国語力を高める学習訓練とは

おうちでできる学習と、できない学習がある

　次に、国語力を高める学習訓練について、1「おうちでできるもの（しなければならないもの）」、2「上手にやればおうちでも可能なもの」、3「おうちでは難しい（専門家の指導を必要とする）もの」、4「専門家の指導があっても、難しいもの」の、大きく4つに分けてみます。

1　「おうちでできるもの（しなければならないもの）」
①読み聞かせ　②音読　③読書（の環境を整える）　④暗唱　⑤書写
⑥映画、演劇、落語、講談を見せる

2　「上手にやればおうちでも可能なもの」

⑦論理的思考力を鍛える　⑧要約　⑨問題演習（ただし、受験をする場合のみ）

3　「おうちでは難しい（専門家の指導を必要とする）もの」

⑩小論文

4　「専門家の指導があっても、難しいもの」

⑪作文、随筆文、小説・物語文、詩

1　おうちでできるもの（しなければならないもの）

①読み聞かせ

お母さんが、まだ言葉の話せない赤ちゃんに対して愛情をもって語りかけることの重要性は、私が申し上げるまでもありません。

言葉というものについて何もない0の状態が、赤ちゃんです（ただし、言葉を学習する機能そのものは、すでに備わっていると考えられています）。その状態で日本語を語りかけ続ければ日本語を、英語を語りかけ続ければ英語を、フランス語を語りかけ続ければフランス語を理解するようになります。

何も知識のない赤ちゃんに、お母さんが言葉を語りかける、語りかける、語りかける、ということをくり返しているうちに、その言葉と環境（モノ、動作、感覚、感情、状態など）が一対一の関係にあるのだなあということを、赤ちゃんは理解していくのです（後にそれが単純な一対一の関係でないことも学んでいく）。

三島由紀夫ほどではないのですが、私も記憶が幼少期からある方で、言葉をしゃべれない自分が言葉を獲得していく過程を、はっきりと覚えています。

言葉の習得は、大人になってからの理解の順序と同じで、「具体」から「抽象」へと進んでいきました。たとえば、「途中」という言葉があります。まだ多くの語や語の意味を知らない私は、「途中」という言葉もその概念も知りませんでした。

「途中」という言葉を知り学習する前に、私は「樋《とい》」という名詞を学んでいました。

「樋《とい》」は、京都の人は「とゆ」と発音します。私は「とゆ」を、あの軒の下から地面につながっている茶色の管だとはすでに知っていました。名詞は比較的一対一の関係にありますので、理解しやすかったのでしょう。だから、私は先に「とゆ」という言葉とその意味を知っていました。

「途中」という言葉は、抽象的です。名詞のように具体的に目に見えるものがあるわけでもないし、「痛い」のように体で感じることのできる言葉ではありません。だから、いくつかの普通名詞を知っていた私も、「途中」という抽象名詞は理解していませんでした。

ただ、「途中」という言葉は、同じシチュエーションでくり返し聞くことによって、その言葉そのものはなんとなく覚えていました。「とちゅう」という発音のおぼろげな記憶と、それが自分の知っている「とゆ」という言葉に似ていること。

自分が何かしている最中に、母に「××××××××××」と言われる。ただし、それがどういう意味なのか、最初は私自身、理解していないのですね。ただ、くり返し言われているうちに、それが同じ言葉「とちゅう」を含むフレーズであること、同じシチュエーションで言われているのだということをだんだん分かっていきます。

そして、だいたいそれが「自分がしていることをやめたときに言われる」ことも理解していきます。

さらに、それが「おそらく、していることをやめたときに言われる言葉だ」、そして「もう一度同じことを始めると肯定される」と理解が深まっていき、最終的に「あの軒下の『とゆ』に似た言葉を言われたときは、最後までやりなさいという意味なんだな」と、明確に自分の意識上で理解しました。

私はそうして、自分がいくつかの言葉を理解していく過程を覚えているのです。

これがすべてだとは申しませんが、言葉というのはおそらくはこのようにして体得していくものなのでしょう。

「言語」という構造を理解するには、同じ言葉を同じシチュエーションで、くり返しくり返し聞くこと、そしてその言葉に対する自分の反応がまたフィードバックされ、その理解が正しいかどうかを試行錯誤によって確認する。そうするより、「言語」の構造を理解する方法は、おそらくないのでしょう。

だから、**言語を習得する過程には、どうしてもその学習者（子ども・赤ちゃん）に対し**

ことです。**くり返しくり返し語りかける必要があります。**そのため、読み聞かせはたいへんよいことです。

お母さんが読んであげるお話を聞くことによって、子どもは物語の楽しさを知っていきます。物語が楽しいことを知っていれば、自然と本になじんでいきます。きちんと聞くことができる子どもならば、もし何らかの原因があって読書が苦手だったとしても、その原因さえ取り除いてやれば、後はどんどん好んで本を読むようになるでしょう。

「うちの子どもはもう5年生なのに、今さら読み聞かせなどしてもよいのでしょうか」などといったご質問もよくうかがいます。結論から申しますと、まったく問題ないので、本人が望むのであればどんどん読み聞かせをしてあげてください。

大人でも、落語や講談などはとても楽しいものです。お話を耳から聞くというのは、いくつになってもおもしろいし、興味を引く話は脳を活性化させます。もちろん、子どもにとって、お話を聞くというのはとても楽しいことなのです。

読み聞かせのコツ

1　無理強いをしない

子どもが望んでいるとき、聞く姿勢ができているときには、読み聞かせをして結構ですが、子どもが嫌がっているとき、集中して聞けない環境にあるときは、しないようにしてください。

子どもが楽しい気持ちで「また聞きたいな」と思えるようにするのがコツです。ですから、子どもが「満腹」になるまでよりは「腹八分」でやめるようにするのがよいでしょう。

2　ゆっくりと読む

先ほど163ページで述べました「ネ読み」と同じような感覚で、文節で十分に間をとって読んでください。読書の好きな方ほど、どうしても速く読んでしまう傾向があります。読書のスピードは自分の理解のペースになってしまうのですが、聞いている側はそのスピードについていけないことが多いのです。

お笑い番組などで早口で話されると聞き取れないことが大人でもよくありますが、特に**子どもの場合、大人がかなりゆっくり読んだつもりでも、ちょうどよいぐらいです。**

「風が（ネ）山の方から（ネ）吹いて来ました（ヨ）。学校の（ネ）先生が（ネ）

お通りに（ネ）なると（ネ）、街で（ネ）遊んでいた（ネ）生徒たちが（ネ）…」

「ネ」の部分は声に出さずに、頭の中で言いながら読んでみてください。「ネ」と頭で言ったときに、子どもの顔を見て「ネ、わかる？」と心で語りながら、子どもの気持ちを読み取るようにして文章を読んでください。そうすると、子どもにも分かりやすい、よい読み方になります。

3 抑揚をつける

よく「感情を込めて読みましょう」などと言われますが、私たちは俳優でも朗読のプロでもありませんから、そう簡単に「感情を込める」などということはできないものです。しかし、淡々と棒読みになっても、聞いている方は確かにつまらないものです。素人でも感情を込めたように見せるには、文章の読み方に抑揚をつけることです。

抑揚をつけるとは、**声の大小を変える、読むスピードを変える、声のトーンを変える**などです。

大事な場面、感動の中心、物語の転換点などでは、声を少し大きくする、通常のスピードよりさらにゆっくりにする、声のトーンを落とす・上げる、など工夫をしてみてください。ほんの少し変えるだけで、まったく変わった印象になります。

「読み聞かせ」から、自分で「音読・黙読」できるようにするには

「本を読んでやると喜んで聞くのですが、なかなか自分から読もうとはしません。どうしたらよいでしょうか」というご相談をよく受けます。読み聞かせばかりではなく、自分で読んでほしい、自分から読書に向かってほしいというのは、親として当然の期待です。

そこで、「読み聞かせ」から「自ら本を読む」に至るきっかけを与える方法を、二つお教えします。

1 「交代読み」

まず一つ。「交代読み」です。お母さんと子どもとが一文ずつ、あるいは一段落ずつ交代で読むのです。これは、まだ一人で読書に向かわないぐらいの段階の子どもに、もっともよい方法です。読書の練習と習慣づけに大変よいので、ぜひお試しください。

ただし、無理強いはしないこと。もし読みたがらなければ、お母さんがそのまま読んで

あげてください。また、勉強ではないので、大きな間違い以外は、あまり読み間違いなどの指摘をしない方がよいでしょう。

2 「途中まで読み」

読み聞かせをしていて、お話が佳境にさしかかったとき、あるいは結末に至る直前に、「あ、そろそろごはんの支度をしなくっちゃ」などと理由をつけて、読むのをやめる機会をつくってみてください。

そのお話に興味を持っていれば持っているほど、子どもは続きを知りたいと思うでしょう。子どもがどうしても続きを知りたいと言ったら、「じゃあ、続きは自分で読んでもいいわよ」と、本の続きの部分を示してやればよいのです。

以前、中学2年生か3年生のクラスに、同じことをしたことがあります。読書の嫌いな生徒の集まっているクラスでしたが、男子ばかりでしたので、男の子の好きそうな推理小説のあらすじを興味を引くようにしてやりました。

「でね、走っている列車の中だから、犯人は絶対にまだ列車の中にいるんだよ。でも乗客全員にアリバイがある。また、この死体についた傷が不思議でね。十数カ所ナイフで刺されているんだけれども、深い傷や浅い傷、右利きらしい刺され方に左利きらしい刺され方、場所も角度も全部まちまちで、どうしてこのような傷になったかがわからないんだ……」

子どもたちは、うんうん、うんうんと、私の方を熱心に見ています。私もまるで舞台にでも立っているように、身振り手振りも入れて大熱演です。

「で、この先どうなったと思う？」

子どもたちはいっそう食い入るように見つめています。

「あっ、そろそろ授業を始めないとね、えーっと、テキストの×ページを開いて……」

「え〜〜、続きは？」

「それでどうなったの？」

「続きは、あっちの部屋の本棚にあるから、自分で読みなさい」

これが私の作戦であることは、中学生にもなればよくよく分かります。

「先生、それずるいなあ」

悪態をつきながらも、休み時間には、

「くそっ、水島先生にまんまとはめられた。くやしいけど、続きが知りたいし読むわ」などといって、全員が一冊の本を取り合いしていました。

文字を十分読める子どもであれば、この方法は非常に有効です。まだ文字を読む力が十分でない子どもでも、本を読もうと思うきっかけとなります。

②音読

音読は、国語力向上のための大変重要な訓練です。どうもうちの子は国語力が足りないように思う、という場合は、学年を問わず、とにかくしっかりと音読をさせてください。

157ページ以降でお話しした「段階別指導法」のチェックを行って、どの程度の音読訓練をどのぐらいすればよいのか、判断してください。

この音読の訓練を半年ほどみっちりとしていただくだけで、ほとんどの国語の苦手な子どもにおいて、何らかの改善が数値としてみられるでしょう。なかには、劇的な変化をする子どももいます。

音読をさせてみると、さまざまな問題点が浮かび上がることがあります。たとえば、すらすらと読めなければ、文章自体を読めていないのですし、助詞「て・に・を・は」をよく間違うようであれば、文章は読めていても正しく文の意味を捉えられていない可能性があります。

すらすらと読めているのに、ある部分だけ読む速度が遅くなったり詰まったりする場合は、その部分の単語や文の意味が正しく読み取れていないということです。

158ページのチャートを参考になさって、どのぐらいの音読の訓練が必要か、ご判断ください。

③読書(の環境を整える)

読書は国語力の要です。読書なくして国語力の向上はあり得ません。読書さえ十分できれば、ほかの勉強は一切いらないとまで言っていいと私は思っています。それぐらい読書は大切なものです。

本が好きなお子さんでしたら、大きな問題はありません。どんどん好きな本を読ませてあげてください。最初は、レベルが低いと思われる本でもかまいません。どんな本であっても、読むことは少なくとも文字を読む練習にはなっています。

読書の苦手なお子さんの場合は、まず「読書をする環境」をつくってやる必要があります。ゲームもある、テレビもある、マンガもある、パソコンも携帯電話も自由に使える、という状況で、本が苦手な子どもが本を読むようになることは絶対にあり得ません。

また、読書そのものは強制することができません。無理に読書をさせると、その字面を追うだけか、あるいはページをぱらぱらとめくるだけです。

読書は強制できなくても、読書のできるよい環境を与えることは可能なことです。よい環境づくりは必要なことですし、これは親にしかできないことです。いくつか、例を挙げましょう。

1　毎日10分、家族全員での読書

読書好きな子どもであれば、本を与えておくだけで勝手に読んでいるでしょう。しかし読書の苦手な子どもは、読書自体がまだハードルの高いことなので、それよりハードルの低い、楽しいことに興味がいってしまいがちです。

マイナスの要因を取り除くということも、もちろん大事なことです。同時にプラスの要因、子どもがどうしても本を手に取りたくなるような、本を手に取らなければいけないような環境を与えることも必要です。

子どもに「本を読みなさい」と言いながら、お父さんはテレビを見ながら「あははは」、お母さんは友達と電話で「うふふふ」。それでは、とても子どもが本を読むようになるとは考えられません。

読書が苦手な子どもの場合、毎日10分、家族全員で「読書の時間」をつくることをお勧めします。もちろん、**その間はテレビを消して、ほかの誘惑物を一切のぞいて、読書だけの時間にしてください。**

マンガや雑誌ももちろんダメです。携帯電話の「ブルブル」も、集中力を損ないます。

話は少しそれますが、携帯電話を「マナーモード」にしておけば、その名のとおりマナーを守っているとお考えではありませんか。それは、必ずしも正しくありません。

たとえば、音楽のコンサートの最中に「ブルブル、ブルブル……」と周りの誰かの携帯電話が震えていたらどう思われますか。せっかく素晴らしい音楽を聞いていたのに、台なしですね。

学校の授業中でもそうです。授業中に「ブルブル、ブルブル……」と鳴っては、授業への集中が一気に切れてしまいます。着信を受けた子どもは、もうそれが気になって気になって仕方がありません。

「お母さんからかもしれないので、見ていいですか」。そのブルブルが迷惑なだけでなく、着信を受けた子どもは、それによってもう気もそぞろになって、それから後の授業には集中できなくなってしまいます。

このように、とにかく「マナーモードにしておけば誰にも迷惑をかけない」という考えは、大きな間違いですね。当然、「読書の時間」は、携帯電話は「電源オフ」です。

新聞は、読書力に寄与するし、ためになるので、読書に含めるとしましょう。雑誌は、まあ、大人が読むのはよしとしましょうか。家族全員が無言で本や活字に向き合っているという環境をつくることが大切なのです。

本は、その魅力に引き込まれるまでには、少々の時間がかかります。本が好きな子どもはすぐに本の中に入り込めますが、読書の苦手な子どもの場合、どうしても時間がかかるものです。ですから、**面白くても面白くなくても、最低10分は黙って文字を読む**、という訓練をさせなければなりません。

10分経っても子どもが集中していないようでしたら、そこで切っていただいて、また明日ということでも結構です。もし子どもが本の魅力に取りつかれて進んで読み出しているようならば、当然10分という時間で切らずに、そのまま読み続けさせてください。

せっかく子どもが読み出しているのに、大人の方が「時間がきたから」「飽きたから」と、テレビをつけたりほかのことをしだしたりということは、絶対に避けてください。

ここで一つ、大事なことをお話ししておきます。**読んだ本について、決して子どもに質問しないでください**。

「なんていう本を読んだの?」ぐらいならまだいいのですが、それでも嫌がる子は嫌がります。本人が話したがっていないのに、さらに「どんなお話だった?」「どこが面白かった?」などと本の内容について尋ねると、尋ねられた方は非常に不愉快です。

読書は個人の頭の中で完結するものですから、それについて尋ねられるのは、自分の心の中を探られるようで本能的に嫌なものです。さらに、その本について説明することはエネルギーのいることですから、普通はそんな面倒くさいことは嫌がるものです。

それを、「話の内容について話してごらんなさい」「読んだ感想を文章に書きなさい」などと強制すると、そんなことをさせられるぐらいなら、本は読まないでおこう、となってしまいます。せっかく読書好きにさせるための環境づくりが、かえって子どもを読書嫌いにさせてしまう可能性があります。

2 本は借りずに買う

図書館で本を借りて読む、というのも悪くはないのですが、最善は買っていただくことです。身近に手の届くところに本があってこそ、「読みたい」という気持ちがわいたときにすぐに読めるからよいのです。「読みたい」と思ってから「じゃあ、今から図書館に行きましょうか」では、読む気も失せてしまいます。

また、同じ本を何度も読むというのは、とてもよいことです。名作であればあるほど、くり返し読むことに耐えてくれます。名作は、たとえそれが子ども向けのものであっても、大人が読んでも十分に面白いものです。それほど内容が深いもので、それだからこそ名作といわれ、長い年月読まれ続けてきたのです。

くり返し読む、時を経て再び読む、というのはとてもよいことですので、本はぜひ買って並べておいていただきたいと思います。

3　名作全集をそろえる

子どもが望む本を買ってやるのは、それはそれでよいことです。同時に、「名作」といわれる本は、ひととおりそろえておいていただきたいものです。

たとえ今、それらの名作を読まなくてもかまいません。子どもはその精神の発達とともに、自分に合った本を求めるようになります。同じやさしい本を何度も読んで、もう十分読んでつまらないと感じたときに、その精神の発達に合ったレベルの本を子どもは求めるようになります。

子どもが求めたときに、すぐ手の届くところに名作があれば、子どもは「表題は堅苦しそうだけれども、まあ一度読んでみようかな」という気になったりするものです。もし、子どもの求めているものと本の与えているものが同じレベルであれば、子どもは一気にその本の中に引きずり込まれていくことでしょう。

中学受験、それも上位校をお考えであるなら、名作と呼ばれる本は読める必要があります。名作を楽しんですらすら読んでいる子どもであれば、特に国語の勉強というものをしなくても、十分合格点は取るでしょう。

あとは漢字、文法の練習を少々と、「長切問題」を解くテクニック（このレベルに至っていない子どもには害の方が多いですが）を少々教えれば、それで万全です。

そういう子どもは、国語に関してはおそらく合格点より10点、20点高い点数を取るに違いありません。

本当に読書の好きな子どもであれば、小学生であっても高校入試や大学入試の問題で、高得点を取ります。実際、私は、自分の何人かの小学生の生徒に、センター試験の問題を解かせたことがあります。

すると、現代文の読解に限ってのことですが、だいたい7割ぐらいは得点します。読書ができるということは、それぐらいの素晴らしい国語力を持っているということと等しいのです。

ところで、「どんな作品がよい作品ですか」というお尋ねをよくいただきます。よい作品、名作の見分け方は簡単です。長い年月、読み継がれている作品が名作です。

「長い年月、読み継がれているか」の一点だけ考えていただければ結構です。

音楽でも絵画でも、その時代に合った流行の作品というものがあります。しかし、それらの多くはすぐに飽きられ、忘れられていきます。飽きられ忘れられていったということは、それだけの作品であったということにほかなりません。

本当によい作品は、時代を超えて受け継がれていきます。多くの人の批評にさらされて、それでも残っていく作品は、時を超えて人々に訴える力を持っているということになります。

時間という淘汰の荒波に耐えて生き残った作品は、間違いなく名作といえます。今流行の作品を読むこともあながち悪いことだとは言えないのですが、できれば20年、30年と読み継がれてきた作品を選んでいただくのがよいと思います。

読書は国語力の必要条件である

文章が読めないで国語力が上がるということがあり得ないことは、常識で考えて分かることです。だから、読書は国語力を上げるためにどうしても必要です。

「いやあ、でも、うちの子は本好きで、毎日必ず読んでいますけれども、国語の成績はそんなによくないんです」。そういう親御さんの言葉に対して、私は「はい、そういうこともあります」とお答えします。

でも、そう申し上げると、「先生、読書をすれば国語力が上がると仰ったじゃないですか！」。う～ん、少々困ってしまいます。

読書は国語力を上げるためには、どうしても必要なものです。**読書ができないで、文章を読む訓練をしないで、国語力が上がるということは絶対にありません。**

「ほら、やっぱりそうじゃないですか。読書をすれば、国語力が上がるのでしょう？」

いいえ、そうとは限りません。それは「必要条件」と「十分条件」の違いが分かっていないから、そういう考え違いを犯してしまうのです。

読書をたくさんしても、国語力が上がらない。そういう場合も、実際に存在します。それなら読書をする必要がないのではないか。現実にそういうふうに考えておられる親御さんも少なからずいらっしゃいます。

読書をしても国語力が上がらないのだったら、読書は時間の無駄だ、ということです。プロの国語の指導者であってもそういうふうに考えている人がまれにいますが、それは明らかな間違いです。

読書なくして国語力の向上はありません。それを論理的に記述すると、「読書は国語力の必要条件」となります。

このことを図に表すと、図10のようになります。

国語力を上げるためには、どうしても読書が必要です。しかし読書をしたからといって必ず国語力が上がるというわけではありません。

しかしながら、読書なしで国語力が上がるということはないのです。それが、図から読

図10

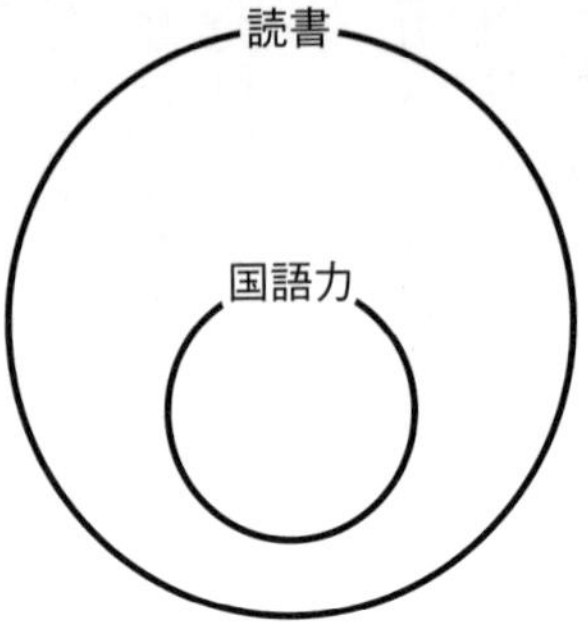

み取れると思います。

国語力は読書の十分条件ですから、国語力が高ければその子は必ず読書ができる子どもだということです。

④暗唱　⑤書写

絵や彫刻の練習をする場合も、すでにある過去の名作をそのままそっくりマネをする、という練習方法があります。

国語も同じで、すでにある名作を丸暗記する、あるいは書き写す（書写）という作業は、非常によい練習になります。「まなぶ」という語の源が「まねぶ（マネをする）」からきたという説があるぐらい、「学ぶ」という行為は、先人の「マネをする」ことと切っても切れない関係にあります。

過去の素晴らしい文学作品の、語法や表現法、言い回しについて、体に染みつくまでしっかり読んで覚えることが、自分が実際に文章を書くときの大きな助けとなります。実際に自分が自分の文章を書くときには、以前にあるものをそのまま書くわけにはいきません。でも、以前に読んだ美しい素晴らしい表現が体に残っていると、部分部分でその表現が自分なりに書けたりするものです。

ですから、過去の名作は、ぜひ体に染みつくまで読み込んだり覚えたりしていただきたいのです。

具体的には、**名作の小説の出だし部分、有名な一場面など、また詩や俳句、短歌などを丸暗記する、書写するなどの練習をしてください。**

書写とは、その字のごとく、文章をそのまま書き写すことをいいます。漢字は漢字、ひらがなはひらがな、カタカナはカタカナで、また「、」「。」などもそのまま正しく書き写します。

書写する場合は、原稿用紙1枚（400字）ぐらいが適当でしょう。暗唱する場合はその半分、200字ぐらいが適当です。毎週1度ぐらいのペースで、書写あるいは暗唱の練習をしましょう。

書写も暗唱も、「一字一句間違いなく」という点に値打ちがあります。書写の場合、一字一句すべて間違いなく写せているか、必ずおうちの方が確認してあげてください。

自分では正しく写せているつもりでも、間違っていることは多いものです。チェックして間違った部分に赤線を引いて、直しをさせるようにしましょう。

暗唱も、一字一句完璧に覚えられるまで、しっかり練習させましょう。子ども一人では、完璧に覚えることは難しいことです。小学生の段階では、一人で覚えるのは無理だとお考えください。

くり返しますが、暗唱は（ほかの暗記もそうですが）必ず親御さんが側について、サポートしてあげてください。子どもは「読めた」ことと「覚えた」ことの区別が、自分一人ではできません。子どもが「覚えた！」と言ったら、それが本当に完璧に覚えられているか、必ず確認してください。

また、長い文章を一度に覚えることはできません。たとえば200字の文章なら40〜50字ぐらいを一つのかたまりとして、4〜5個に分けて、一つずつ覚えさせるようにします。40〜50字を覚えるのがまだ難しければ、もっと細かく10〜20字ぐらいのかたまりに分けましょう。

このようにして、一つのかたまりを完全に暗唱できるようになるまで覚えさせます。覚える文章を伏せて見せないようにして、一字一句誤りなく言えるかどうか確認してください。暗唱はただの「暗記」ですから、もし正しく覚えられていなければ、文章を見せて、また伏せて言わせるようにします。

一つのかたまりが完全に一字一句間違いなくすらすらと言えるようになったら、次のかたまりを覚えるようにします。そうして全部のかたまりがそれぞれ完全に言えるようになったら、全体を通して暗唱させます。そこでもし詰まったり間違ったりした場合は、またその間違った部分を含むかたまりを完全に言えるようになるまで練習します。

そうすれば、早い遅いの違いはあれ、必ず正しく暗唱できるようになります。小学2年生で「九九」が暗唱できるように練習しますが、これができない子どもはいません。クラスで一人、二人など、いつまでたっても覚えてこない子どもがいたりしますが、それは親がおうちできちんと練習させていないからです。

暗唱は、暗記の訓練ですので、国語以外のほかの科目の学習にも役立ちます。覚えないといけないことを覚えていないのは、ほとんどの場合、子どもの責任ではなくきちんと覚える訓練のサポートをしていない親の責任です。

⑥映画、演劇、落語、講談を見せる

国語は芸術でもあります。その文章から感動を覚えられるかどうかは、特に文学的文章の読み取りには絶対に必要なことです。

文章（文字）だけから、どれだけ情報を受け取れるかという点も、国語力を構成する多くの要素の一つです。テレビや映画は、文章（言葉）以外からの情報の方が圧倒的に多いので、文章から情報を受け取る力は、あまり向上しません。

しかし、「感動」や「事実の情報」という点においては、映像からの情報は理解に非常に役立ちます。だから、「感動」や「事実の情報」を子どもに与えるには、映像情報も含んだテレビや映画なども、よいといえます。

ですから、質のよい映画やテレビ番組を選んで子どもに与えるのは、国語力の向上に寄与します。名作といわれる映画や、ニュース・情報などのテレビ番組は、親の制限のもとで見せてよいでしょう。

ただし、質の悪いテレビ番組は、文章（言葉）からの情報も正しくない、事実もない、感動も与えられない、といったものですから、国語力という観点からは、できるだけ見せないようにするべきです。

ただし、子どもどうしのつき合い、連帯感の形成には、たとえくだらないテレビ番組であったとしても、ほかの多くの友達が見ているのであれば、見せてやる配慮も必要となります。そのあたりが「携帯電話」や「パソコン」などと同じように、どこまで与えるのか制限するのかが、現代ではなかなか悩ましい点となっています。

「本」と「テレビや映画」などの中間にあるのが、「落語」や「講談」、「演劇」などです。「落語」は「語り」に身振り手振りがついているもので、「講談」は「落語」に比べると、はるかに身振り手振りが少ないものです。言葉以外の情報がかなり少ないものですから、文章（言葉）から情報を得るという訓練にはよいものです。

「演劇」は「落語」や「講談」に比べると、視覚情報は多いのですが、それでも「テレビ」に比べると、ずっとよい国語の学習の補助となります。

また、**能や狂言、歌舞伎、文楽など古典芸能は、子どものときにぜひとも見せておきたい、素晴らしい芸術です。**国語力という面からだけでなく、子どもの感性を伸ばすという芸術鑑賞としても大変お勧めです。

感性ということで言いますと、音楽鑑賞や美術鑑賞も大変よいので、機会を見つけてぜひなさるようにしてください。

2　上手にやればおうちでも可能なもの

⑦論理的思考力を鍛える

思考力というものは、なかなか強制して（訓練して）伸ばすことが難しい分野です。思考力は「頭で考える」ことをくり返さないと伸ばすことができないのですが、「頭で考える」ことは、自分の意志を持って「考えよう」と思わない限りできないからです。

体力トレーニングのように、本人が嫌がっていても、とにかく走りさえすれば持久力がつく、というような訓練法は、思考力においては不可能です。

思考力は、学習者が「面白い」「楽しい」と思って、積極的に「考える」ということをしなければ伸びません。いやいやの強制では思考力を伸ばすのは難しいので、**楽しく考えられる「パズル」などがよいでしょう。**

また、将棋や碁など「お互いの手が完全にオープンなゲーム」も、思考力を伸ばすのに適しています。

「パズル」は、最近はたくさんのパズル本が出版されていますので、それらから探していただくのもよいと思います。パズルの要素を持った玩具も多数発売されていますので、適当なものを探していただくとよいでしょう。

選ぶポイントは、**「子どもが興味を持つかどうか」**です。いくら質のよいパズル本や教具でも、子ども自身が興味を持たない限り、本人が積極的に「考える」ということをしないので、思考力の向上にはつながらないのです。子どもさんが興味を持つものを選んでください。

「お互いの手が完全にオープンなゲーム」は、**将棋、碁、五目並べ、オセロ、立体四目並べ**、などいろいろあります。こういった中から、子どもさんが興味を持つものを選んでさせてみるとよいでしょう。

こういった「運」に左右されない論理的思考力のみが勝敗を決めるゲームは、子どもの思考力の向上に大変よいものですし、本当に子どもが真剣に取り組むようになると、すぐに親が勝てなくなってしまうぐらい、子どもの思考力は可塑性が高く、その成長は非常に早いものです。

算数の「××算」などというものも、本人が望んで取り組むようなら、どんどんさせていただいて結構です。私たちの教室に通っている子どもたちの中にも、最初は（親に言われて）仕方なく算数を勉強していたのが、それがよくわかってくると解けることが面白くなってきたという子がいます。

そして、自ら進んで難しい問題に取り組むようになる子どもも、決して珍しくありません。そういう子どもは、必ずと言ってよいほど、その先の学力がどんどん伸びていくものです。

⑧要約

文章を書かせる練習の中で、最もご家庭でも指導しやすいものが、この「要約」です。

作文を書くには、少なくとも「文を書く技術」と「内容の創作」という二つの要素が必要です。一般に、学校などで作文を書かせる場合、「思ったこと、感じたことを書いてみましょう」、あるいは「遠足での出来事を書いてみましょう」などという程度の指導しかなされません。

しかし、これで作文を書くのは、到底無理です。「文を書く技術」と「内容の創作」を同時に行え、というものだからです。野球でなら、打撃の技術も守備の技術も練習していないのに、いきなり「試合に出ろ」というようなものです。

先ほどもお話ししましたが、「要約」では、「文を書く技術」と「内容の創作」のうち、「文を書く技術」に特化した訓練ができます。もともとある文章を要約するのですから、「内容の創作」という要素は必要ないのです。

説明文や新聞コラムなどを要約するのは、大変よい国語の勉強になります。小学校の高学年ぐらいになれば、徐々に大人の感性に近づいてきます。きちんと読書のできる子どもであれば、6年生ぐらいになれば、新聞など大人向けの説明的文章を楽しんで読めるようになってきます。

新聞程度が読めるようになってきたら、説明文の要約をさせることをお勧めします。特に、中学受験を考えている子どもの場合、説明文の要約は必須事項です。

内容によっては子どもにはまだまだ難しいものもあるので、親御さんが選んであげるのがよいと思います。

新聞の一面下段のコラムなど、比較的読みやすい文章を題材にして、その文章全体の半分の字数で要約することを課題としてやってみましょう。最初は、小学生向けの新聞や、学習雑誌などから選んでいただくのもよいでしょう。

説明的文章は、多くの場合、きちんと形式段落で分けられています。その形式段落ごとに要約をします。文章全体をまとめて要約してしまうというのは、説明文の場合にはあまり効果がありません。段落ごとに一つひとつ要約をしましょう。

半分の文字数というのは、あくまでも目安です。段落によってはほとんど縮められないところもありますし、また長い段落のようで実は要点は短いということもありますので、全体として、およそ半分の字数で要約するということを目標になさってください。

いきなり「要約」というのが難しい場合は、**まず各段落の最も大切な部分に線を引く、という作業から練習してみてください。**

説明文は、「白か黒」「善か悪」という二分法で説明してあることがよくあります。実際には「白か黒」「善か悪」というふうにはっきりと二つに分けることはできないものです。

しかし、文章で人を説得する場合には、読んだ人が分かりやすいということが前提となりますので、もちろん読者もそのあたりは分かっているという仮定のもとに、バッサリと二つに分けている場合が多くあります。

二分法が用いられている場合、文章に出てくる内容を「白」なのか「黒」なのか、表にして分けてみるというのも、大変よい国語の学習になります。

⑨問題演習（ただし、受験をする場合のみ）

教科書程度の文章の要約が比較的ストレスなくできるレベルに達していれば、「長切問題」などの問題演習をすることも、得点力の向上に寄与します。

ただし、**「長切問題」をさせるのは、受験をする場合に限ってください。**受験をしないのであれば、わざわざ「長切問題」をさせる必要はありませんし、ほかに大切なことはいくらでもあります。

「長切問題」をさせる場合、私は少し変わった方法で子どもに問題を与えることがあります。これは「長切問題」の欠点をできるだけ抑えながら、本質的な国語力を上げる工夫の一つです。私が授業で「長切問題」をさせる場合の特別なノウハウの一つです。

25ページ以降に出てきた、森鷗外の「高瀬舟」の問題が「長切問題」です。「長切問題」は、長い元文章から短く切り抜いた一つの文章に対して、いくつかの設問がつけられているというものです。

普通は、前後の分からないその切り抜きの文章を読ませて、並んでいる設問をすべて解かせる、という単純な方法で学習を進めていくでしょう。

私は、入試に向けた最終段階の指導では、実戦に近いそういう方法でよいと思いますが、実はその方法は「長切問題」の欠点を最大に広げてしまう非常に悪い指導法だと考えています。

何度も言いますが、**「長切問題」は、原則として、テスト対策として以外は、学習者に与えるべきではありません。**どうしても入試など進路のかかったテストで出題されるので、あらかじめ慣れておく必要がある学習者のみに与えるべきだと考えています。

さらに、必要があって与える場合も、「長切問題」の欠点をできるだけ消すような方法で与えるべきだというのが、私の考えです。

「長切問題」の設問を調べてみますと、いくつかの要素とその組み合わせでつくられていることが分かります。

たとえば、【「指示語」「情景・場面」「感情・思考」「言語」「比喩」……】、【「内容」「理由」「意味しているもの」……】、【「××字以内」「××字程度」「字数制限なし」……】、

【「書き抜き」「自分で考えて」「置き換え」……】などの要素があります。

先の「高瀬舟」の設問でいうと、「問六 ――線⑧『喜助は仕事をして……なくしてしまうと言った』とありますが、これを聞いた庄兵衛が、それを自分の身に置き換えて考えている部分があります。その部分を文中より35字以内で書き抜いて答えなさい」は、【「感情・思考」＋「意味しているもの」＋「××字以内」＋「書き抜き」】という要素の組み合わせでつくられていることがわかります。

「長切問題」の問題点は、ここにもあることが明確に見て取れます。「長切問題」の設問は、いくつかの要素を組み合わせた、さまざまな種類の問題を並べているだけなのです。つまり、「長切問題」をさせることは、さまざまな種類の練習を、ねらいもはっきりさせずにただやみくもにさせていることにほかなりません。

スポーツにたとえるなら、たとえばサッカーなら、5分間パスの練習をして、次に3分間シュートの練習をして、そして10分間ランニングをして、次に1分間ヘディングの練習をして、次に4分間筋トレをして、次に3分間ドリブルの練習をして、次に……、というようなものです。

何の計画性もないし、何の目的もありません。こんな練習をしていて、サッカーが上達するわけがありません。「長切問題」をなんとなく単元ごとに前から解くような学習の仕方で、国語が上達するわけがないのです。

「長切問題」の欠点を減らすには

計画的に練習をするには、その日その日の目標を持って練習しなければなりません。もし「長切問題」を使って読解問題の演習をするのならば、「長切問題」の設問の中からテーマを絞って、たとえば「今日は指示語の訓練をする」に決めて、「長切問題」の設問の中から「指示語」の問題だけを選んで学習させます。

一つの「長切問題」の設問には、およそ1、2題程度しか「指示語」の問題は含まれていません。それでよいのです。

一つの「長切問題」にある1、2題程度の「指示語」の問題を解かせる。解けたら次の「長切問題」を読ませて、その中の「指示語」の問題を、また1、2題解かせる。**一冊の「長切問題」の問題集の中で、「指示語」の問題ばかり選んでさせるのです。**

「指示語」を解く力がついてきたら、問題集の最初に戻って、次はたとえば「情景・場面」の読み取りの問題ばかりさせます。

これをくり返していると、たとえば問題集の最初から最後まで「指示語」の設問ばかり解いて、次に「情景・場面」の設問を解くために最初の「長切問題」に戻ったときには、その文章の内容をもう忘れてしまっていますから、その「長切問題」の文章をあらためて読み直さなければなりません。

そうすると、同じ文章を何度も読む、ということにつながります。

同じ文章を何度も読むというのは、国語の非常によい訓練です。読解をするに当たっても、その設問の文章をしっかり読めなければ、正しい答えに至りません。何度も読んで、深く理解する必要があるのです。

また、文章を書くうえでも、自分の書いた文章を推敲する必要があります。推敲することは、同じ文章を何度も何度も読み返して考えることです。

このように、それなりのレベルに達していて「長切問題」をさせる場合は、今申し上げましたように、同じ種類の問題を選んで解かせる、という方法をとっていただくと、欠点の多い「長切問題」ながら、かなり有効に利用することができます。

3　おうちでは難しい（専門家の指導を必要とする）もの

⑩小論文（自分の考えを書かせる）

「小」がつくとはいえ、論文の指導がそう簡単なものではないことは、お分かりいただけると思います。論文には、文章を書く技術そのものも必要ですし、それ以上に書く内容が重要です。読み手を説得し、納得させる力が、そこには必要です。

私が小論文を書かせるときは、書かせません。これでは何のことか分からないでしょう。

小論文は「書かせてはダメ」なのです。

文章を書かせればそこそこ書けるけれども、まとめ方や表現方法が拙い、という生徒には、書かせて赤ペンを入れるという方法である程度上達させることは可能ですが、私は基本的には書かせません。そこそこ書ける生徒にもあまり書かせませんし、もちろん、「書けない」という生徒には、一切「書かせない」で指導をします。

小論文が書けないときの最大の理由は、「書く内容が（まとまってい）ない」ことです。新聞コラム程度の文章の要約ができるぐらいであれば、文章を書く技術はそれなりに備わっています。また、書く内容がある程度頭の中でまとまっている生徒は、下手なりにでも書けます。書けない理由の一番は「内容」なのです。

ですから、**私の小論文指導は、基本は「議論」です。**あるテーマについて、「あなたの考えは？」「理由は？」「根拠は？」など、さまざまな疑問を投げかけ、あるいは反論し、生徒自身の考えを深め、整理する手助けをします。

生徒自身、自分の考えが頭の中でまとまってくると、自分で書けるという手応えを持ちます。考えが整理できれば、それを文章化するのは、そんなに大変な作業ではないからです。

そこまでまとまっていれば、「書いてみるか？」と促してみれば、ほぼ間違いなく自分だけの力で書きはじめます。

自分の考えを文章にできる生徒であれば、そこからの指導はそんなに難しいことではありません。もちろん、小論文としてまとめるためのさまざまな技術や最低限のルールはありますが、大きな問題ではありません。

小論文が書けない一番の問題は、「書く内容が（まとまってい）ない」ことであり、それを整理させるのは、プロの指導者でなければなかなか難しいことではありません。

4　専門家の指導があっても、難しいもの

⑪作文、随筆文、小説・物語文、詩（自分の思い・感情を書かせる）

論文は、書く内容、つまり自分の考えや意見が整理できれば、後はそんなに難しくはありません。新聞の社説ぐらいが読める子どもであれば、大学入試の小論文程度の文章なら、半年ぐらいできちんと書けるように指導できます。

しかし、作文指導は非常に難しい。「flower」を表すのに、果たして「花」なのか「華」なのか「はな」なのか「ハナ」なのか。また「お花」なのか「御花」なのか。複数を表したくて「花々」なのか擬人化して「花たち」なのか。その文章で使いたい語がどれなのかは、書く人にしか決められません。

何をどのように表現したいかは、その文章を書く人の頭の中にしかないからです。どう優れた文章にするかは、書く人次第です。そこに私が「ここは柔らかく『はな』とひらがなで表記するのがいいでしょう」などと口を挟んだら、その部分については水島の文章になってしまい、もう書く人オリジナルの文章ではなくなります。

このように、自分の思い、感情、感動を表す文章については、他人が口を挟めるものではありません。こういう文章は自分で磨くしか方法はないのです。

ある人の創作物に対して、第三者が創作を加えることはできない。これは創作に対する絶対のルールだと私は考えています。ですから、私は現在の小学生の作文指導に対して、強い違和感を覚えるのです。

作文コンクールで入賞するような作品は、正確に言うなら「親の作文」でしょう。あるいは「先生の作文」でしょう。指導者の手が一切入っていない小学生の作文など、あるのでしょうか。指導者の手が一切入っていないどころか、入賞するような作文は、ほとんどが親（先生）の手によるものでしょう。

たとえ小学生であっても、創作物に関して、自分のオリジナルなのかそうでないのか、明確に分けるということの重要性を、厳しく教えておく必要があると、私は考えています。

そういう当たり前の指導をきちんとしておかないから、大学生になって、ネット上の文章をコピペ（コピー&ペースト＝切り貼り＝盗用）して卒論として提出する。あるいは、研究者になってから他の人の論文をコピペする。こういうことを平気でするようになるのだと、私は厳しく指摘しておきます。

とにかく、文章の中で、「作文（＝随筆）」は最も書くのが難しい文章の一つです。それを、きちんとした文章指導もしないままに小学生に書かせるという現在の作文指導には、私は強く反対しておきます。

もし、どうしても他者の補助が必要だというのであれば、少なくとも「共作者」「補作者」などを明記させ、その作文が自分のオリジナルでないことをきちんと自覚させるべきです。「オリジナリティ」あるいは「著作権」というのは、非常に重要な概念です。もし国際社会で活躍したいのであれば、それは最低限のルールだということを、厳しく教えておかなければなりません。

このように、作文、随筆文、小説・物語文、詩など、創作性・芸術性の高い文章については、その書き方を指導することはできないのです。

そのほか、国語に関する訓練

①漢字の読み

漢字の読みは、読解力＝国語力と密接な関係がありますので、しっかり学習させてください。できるようでしたら、学年を超えてどんどん先をやっていただいても結構です。

小学校低学年で習うようなやさしい漢字でも、読み方の難しいものは、結構あります。漢字一字では読めても、熟語になると読めないこともあります。単独の漢字と合わせて、さまざまな熟語を読めるように、がんばって学習させてください。

漢字の読みは、**特に「訓読み」をしっかり覚えておく必要があります。**「音読み」は中国語の読み方が日本風になまったもので、元は中国語ですから、発音だけで意味はわかりません。

しかし、「訓読み」は中国から伝わった漢字に日本語を当てはめたものですから、意味がわかりやすいのです。

「訓読み」ができるということは、その漢字の意味がよくわかっているということです。漢字の熟語を書く場合でも、「訓読み」ができると意味から類推して、その漢字を思い出すことがあります。

２４７ページの「次の訓読みを知っていますか？」「小学生で知っておきたい漢字の読み」で確認してみてください。

漢字の「書き取り」は、どうしても紙と鉛筆が必要ですが、漢字の読みは口でも言えますので、問題集を使ってクイズのようになさっていただくと、楽しみながら学習できます。

②漢字の書き取り

漢字の書き取りは、国語力とは直接の関係はありませんが、漢字は教養としてきちんと書けなければならないし、入学試験には多くの学校で出題されています。**こういう暗記ものは、少しずつ続けてやることが肝心です。**漢字の書き取りは、毎日5分、あるいは2日か3日に1回でも結構です。少しずつ、長く続けていく必要があります。

目安として、学年相応のものがしっかりと書けるようにしていただければ十分でしょう。学校の小テストなどは、きちんと満点が取れるように努力しましょう。

漢字の練習が楽しくて、どんどん難しいものをしたい場合は、もちろん先へ進んでいただいてもかまいません。漢字検定などを目標に勉強させるのもよいでしょう。特に好んでやるのでないのなら、学年相応で結構です。

③文法

＊美しい　花が　咲く
＊美しく　花が　咲く

これら二つの文について要素の修飾関係をそれぞれ↓（矢印）で表すと、図11のようになります。

「花が↓咲く」の部分はどちらも等しいのですが、「美しい」と「美しく」では、かかる言葉（修飾している言葉）が異なります。

「美しい」も「美しく」も、同じ「美しい」という形容詞の活用です（「美しい　花」の場合の「美しい」は連体形、「美しく」は連用形）。この場合の「美しい」は、「連体修飾語」、「美しく」は「連用修飾語」と、国文法（日本語文法）では表現します。

この「連体修飾語」が英語では「形容詞」、「連用修飾語」が「副詞」に相当します。日本語の「形容詞」は、活用することによって英語での「形容詞」にも「副詞」にもなるのです。

日本語の文法は、ヨーロッパ文法をそのまま輸入しただけのもので、ヨーロッパ言語と

図11

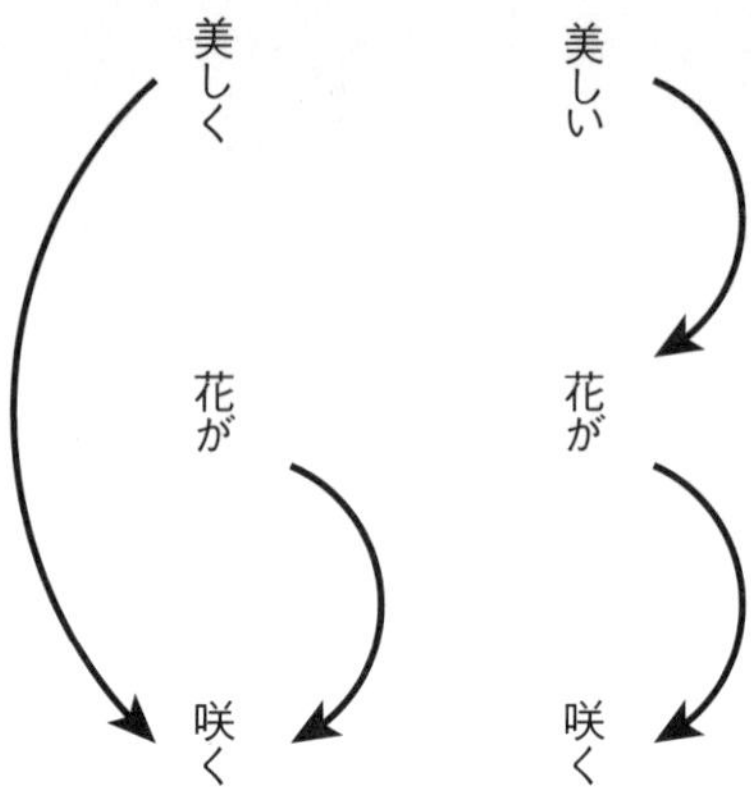

はまったく異なる日本語という言語に無理矢理文法用語を当てはめていますから、このような齟齬が生じてしまいます。

英語の文法を学習する前に、国文法をきちんとマスターしておいて、そのうえで、「『連体修飾語』が英語では『形容詞』ですよ。『連用修飾語』が英語では『副詞』ですよ」と言って英文法を説明すると国文法も英文法もともによくわかるのに、国文法を学習しないまま英文法を習うので、どちらの文法も分からなくなっているのが、現在の中学生レベルの学習者です。さらに古語文法も習い出すと、何が何だかさっぱりわからない。

しかしながら、小学生に国文法を体系立て

て教えることは、まだまだ難しいでしょう。本来は、十分国文法が理解できたあとに英文法を教えるのが、順序としては正しいし、どちらの理解も深まるものだから、国語と英語とどちらも合わせて指導要領を考えるべきです。

やみくもに「早期の英語教育」というのは、国語、英語双方にとって、よくない影響があります。

ですから、現在の文科省指導要領ではどうしても学習者に混乱が生じてしまうものです。しかし、学校ではそれに則って指導されるわけですから、何とか乗り越えるしか仕方ありません。

そのためには、とにかく小学生の段階では「体言と用言」「連体修飾語と連用修飾語」をきちんと教えてあげてください。

「連体修飾語」は「体言」を修飾する言葉です。体言とは「主体になる言葉」という意味で、主語になれる「名詞」「代名詞」が相当します。ですから、「連体修飾語」は「名詞」「代名詞」を修飾する言葉です。

「連用修飾語」は「用言」を修飾する言葉です。用言とは「作用、性質、状態を表す言葉」という意味で、「動詞」「形容詞」「形容動詞」が相当します。ですから、限定的には「連用修飾語」は「動詞」「形容詞」「形容動詞」を修飾する言葉という意味になりますが、一般には「用言」に限らず、「『体言』以外を修飾する言葉」のことを意味します。

ですから、修飾の関係を「A↓B」で書き示したとき、Bが「名詞」「代名詞」であればAは「連体修飾語」、Bが「名詞」「代名詞」以外であれば、Aは「連用修飾語」と判断します。

日本語は「活用」によって、連体修飾語になったり連用修飾語になったりしますので、「活用」を正しく覚えること（口で言えるようにすること）と、名詞（代名詞）かそうでない品詞かの区別ができることは、重要なことです。

活用表で暗記するのは大切なことですが、たとえば動詞「走る」なら「ら・り・る・る・れ・れ・ろ」などとは覚えないで、その動詞「走る」のうしろに「―ない、―ます、―。（文の終わり）、―とき、―ば、（命令）、―う」をつけて、「走ら**ない**、走り**ます**、走る**。**、走る**とき**、走れ**ば**、走れ、走ろ**う**」と覚えてください。

形容詞なら、「―う、―た、―なる、―。、―とき、―ば」と接続して、「美しかろう、美しかった、美しくなる、美しい。、美しいとき、美しければ」と覚えましょう。

活用形をその接続まで覚えてしまうことは、中学高校になって文語文法を学習するときにも、非常に役立ちます。というより、口語（現代語）文法をしっかり理解し覚えていないと、文語文法はまったく学習できません。

〈声に出して、すらすら言えるようにしましょう〉

・動詞　五段活用（あ活用）

行かない　行きます　行く。　行くとき　行けば　行け　行こう
貸さない　貸します　貸す。　貸すとき　貸せば　貸せ　貸そう
勝たない　勝ちます　勝つ。　勝つとき　勝てば　勝て　勝とう
死なない　死にます　死ぬ。　死ぬとき　死ねば　死ね　死のう
飛ばない　飛びます　飛ぶ。　飛ぶとき　飛べば　飛べ　飛ぼう
読まない　読みます　読む。　読むとき　読めば　読め　読もう

乗らない	乗ります	乗る。	乗るとき	乗れば	乗れ	乗ろう
笑わない	笑います	笑う。	笑うとき	笑えば	笑え	笑おう

・動詞　上一段活用（い活用）

射ない	射ます	射る。	射るとき	射れば	射ろ	射よう
着ない	着ます	着る。	着るとき	着れば	着ろ	着よう
接しない	接します	接しる。	接しるとき	接しれば	接しろ	接しよう

（※　サ行変格活用が上一段活用化したものと考えられており、あまり使われていない。）

落ちない	落ちます	落ちる。	落ちるとき	落ちれば	落ちろ	落ちよう
煮ない	煮ます	煮る。	煮るとき	煮れば	煮ろ	煮よう
干ない	干ます	干る。	干るとき	干れば	干ろ	干よう
見ない	見ます	見る。	見るとき	見れば	見ろ	見よう
足りない	足ります	足りる。	足りるとき	足りれば	足りろ	足りよう

・動詞　下一段活用（え活用）

得ない	得ます	得る。	得るとき	得れば	得ろ	得よう

分けない　分けます　分ける。　分けるとき　分ければ　分けろ　分けよう
任せない　任せます　任せる。　任せるとき　任せれば　任せろ　任せよう
捨てない　捨てます　捨てる。　捨てるとき　捨てれば　捨てろ　捨てよう
兼ねない　兼ねます　兼ねる。　兼ねるとき　兼ねれば　兼ねろ　兼ねよう
経ない　経ます　経る。　経るとき　経れば　経ろ　経よう
詰めない　詰めます　詰める。　詰めるとき　詰めれば　詰めろ　詰めよう
乱れない　乱れます　乱れる。　乱れるとき　乱れれば　乱れろ　乱れよう

・動詞　カ行変格活用（か活用）

来《こ》ない　来《き》ます　来《く》る。　来《く》るとき　来《く》れば　来《こ》い　来《こ》よう

・動詞　サ行変格活用（さ活用）

しない　します　する。　するとき　すれば　しろ　しよう

・形容詞　ク活用

赤かろう　赤かった　赤くなる　赤い。　赤いとき　赤ければ

・形容詞　シク活用
美しかろう　美しかった　美しくなる　美しい。　美しいとき　美しければ
・形容動詞
静かだろう　静かだった　静かになる　静かだ。　静かなとき　静かならば

④おまけ

これも、私の国語指導の根幹をなす部分の一つです。

本に書いてしまうのは惜しいのですが、みなさんは、「ワンタッチポン」では国語は解けないとお考えだからこそ本書を手に取ってくださっているわけですから、そういう貴重な「本当の国語力の砦」となるような方々には、惜しまずに公開することにしましょう。

論説文を読むときに、「事実と筆者の意見とを、明確に分けなさい」という指示がよくされます。この考え方は、一つ重要なものです。

私はさらに、別のチャートを生徒に与えます。それは次の三つのチャートです。

1　正―誤

2　善―悪

3　好―嫌

1の「正―誤」は、これは事実かそうでないかの区別で、その判断は、論理的思考、科学的思考によって、客観的になされます。

2の「善―悪」は道徳であり宗教であり、判断は「神」「親」「社会」などが下します。

3の「好―嫌」は個人の心の中だけの問題で、判断はその個人が下します。

多くの日本人は、残念ながらこれら三つの区別が厳密につけられません。特に、「1　正―誤」と「2　善―悪」との区別がなかなかつかないのです。

英語では、「right-wrong」と「good-bad」とには明確な違いがありますが、日本語では事実関係が「誤って」いるときも、人としての行動が「悪」であるときも、どちらも「あなたは間違っている」となり、その区別がつきません。言葉で区別がつかないということは、その二つを分けて考えるという習慣やその概念がないということです。

だから、事実関係の誤りを指摘されたとき、本当なら「(ああ、この段階で誤りを指摘してもらえてよかった。笑) どうもありがとう」となるべきが、それが自分自身の人格を誹謗されたと感じてしまうので、怒ったりするのですね。

また、たとえば勉強がよくできる、というのはただの「1 正―誤」の事実関係のことだから、勉強がよくできるのならよくできると言えばいいのに、日本人はなかなか「自分は勉強がよくできます」とは言わない。

それは、「ピアノが弾けます」や「サッカーが得意です」というのと同じで、ただの事実関係だから、事実として「自分は数学が得意です」とか「英語は得意でTOEICは××点です」と言えばいいのに、勉強に関することになると、「1 正―誤」と「2 善―悪」とが入り交じって、「いやあ、私など大したことはありません」と言ってしまうのです。

客観的事実として「得意」なものを、「いやあ、大したことはありません」などと言うのは、欧米人にとって、まったく不可解な発言なのです。

私の授業では、それが「1　正―誤」の判断なのか、「2　善―悪」なのか、「3　好―嫌」なのか、あるいは作者・筆者がそれらの二つまたは三つを混同しているのか、を明確に分ける訓練をします。

これは、国語の能力を上げるという点からも非常に重要なのですが、同時に国際人として生きていくには、欠かせない訓練だと私が考えているからです。

「1　正―誤」は、論理的、科学的、客観的判断によりますから、世界中どこであっても、同じ判断基準で同じ判定結果が求められます。完全に普遍です。

質量（重量ではない）1kgはどこの文化圏で測定しても1kgです。「2＋5」がある国では「7」であり、ある国では「8」であるなどということはありません。

「2　善―悪」は道徳であり宗教ですから、同じ判断基準をもつ民族や宗教内では同じ判定結果となりますが、民族や宗教が異なれば、違う判定結果となります。

たとえば、キリスト教文化の下では1人の夫に1人の妻が「正しい」のですが、イスラム教文化の下では夫は4人まで娶《めと》ることが可能で、それは「正しい」行動です。

日本文化では、「正妻」に対して「妾」という存在が認められていました。同じ複数の妻であっても、日本は「正妻―妾」という差別がありましたが、イスラムでは妻全員が完全に平等でなければならない、という違いがあります。戦後日本では、「妾」という制度は「悪」となっています。

3の「好―嫌」は個人の主観によるものですから、百人いれば百通りの「好き嫌い」の度合いがあります。

2の「善―悪」は親や社会や神様がその基準を決めますし、3の「好―嫌」に至ってはその個人がまったく自由に判断してよいものです。これらが論理的思考の対象になり得ないことは、明らかですね。「2　善―悪」や「3　好―嫌」までその対象としなければならない国語は、だからやはり「論理的」ではないのです。

文章中のある事象について、それは「1　正―誤」の範疇《ちゅう》のものなのか、あるいは「2　善―悪」の範疇なのか、また「3　好―嫌」の範疇なのか、細かく探らせるというのは、深い文章理解への一つの道筋です。

文章題のある設問に悩んでいるときに、その設問に関する内容について、「1　正―誤」「2　善―悪」「3　好―嫌」の判断を正確につけさせます。

すると、それだけで子どもの目が輝いてくることがよくあります。自分の思考の中の霧が、パッと晴れるのですね。そうすれば、もう、子どもは勝手に正答にたどり着きます。その目の輝く瞬間に出会えることは、国語教師冥利に尽きるというものです。

親がすべき、何よりも大切なこと

今から、親御さんにとっては、かなり厳しいことをお話しします。耳が痛いし、場合によっては不愉快に感じられるかもしれません。

しかし「良薬は口に苦し」、親御さんにとってとても大切で必要なことです。また、子どもにとってプラスになることです。ですから、どうぞ、まずはお目をお通しください。

どこまでが親の責任なのか

子どもの受験の結果は、一体誰の責任なのか。世間一般で、広く大きくは「親の責任」ということになってしまっています。だから親は、一生懸命進学塾を探し、親どうしで情報を交換しあい、こちらの進学塾でダメならあちらの進学塾へと移動する。そして、子どものお尻をひっぱたいて「勉強しなさい！」と言う。

もし受験に失敗したりすると、「ああ、Aくんも Bちゃんも合格したあちらの進学塾にしておけば、うちの子も合格したかもしれない……」などと、進学塾をその原因に挙げたりしますが、もしその進学塾が原因で不合格だったのなら、それはその進学塾を選んだ親の責任ということにほかなりません。

子どもの能力は遺伝なのか環境なのか、はたまたその他の原因なのか、あるいは単なる偶然なのか。これは実は、確定的なことはまだ分かっていないんですね。異なる環境におかれた一卵性双生児（まったく同じ遺伝子を持つ）の研究によって、徐々に明らかにされてきてはいます。

しかし、人間の個性の何割が遺伝で何割が環境で、などということは、よくは分かっていません。おそらく今から百年経っても、確定的なことは判明していないでしょう。

遺伝も環境もその他の要素も、それぞれ何割かずつが関与していることについては、おそらく間違いがないだろうとしか言えない現状です。しかしながら、すなわち何割かは環境が影響しているということは、どうやら間違いなさそうです。

生まれつき、すごく音楽の才能のある子がいたとします。もしその子が、子どもの頃から一切音楽を聞かされず、一切楽器に触らされなければ、その子の持って生まれた才能が発揮されることはあるでしょうか。いや、ありませんね。

いくら才能を持っていたとしても、それを発揮させる環境になければ、その才能が出現することはありません。

では、その生まれつきすごく音楽の才能のある子に、適切な年齢から適切な環境を与えていれば、その子は音楽の才能を発揮したでしょうか。おそらく、ある程度の才能は発揮するでしょうが、その子の持って生まれたもののすべてが表出するかというと、そうではないのです。

プロとして成功を収めるような素晴らしい音楽の才能を発揮するかもしれませんが、素人音楽家として、そこそこの音楽的才能で人生を送るかもしれません。適切な環境を与えたからといって、どうなるかは分からないのです。

生まれもっての才能があったとしても、それを生かす環境になければその才能は出現しません。しかし、それを生かす環境にあったとしても、その才能がどの程度発揮されるかは、やっぱり分からないのです。

同じように、受験に合格するかどうかは、親の責任でもあるし、そうでない部分もたくさんあります。しかし、親の責任の部分がある以上は、できるだけの環境は整えてやろうというのが、一般的な親心でしょう。

しかしそれが過熱すると、あっちの進学塾、こっちの進学塾と、神経をすり減らして情報を集めに走り回らなければならないことになってしまうのです。

「××進学塾は、××中学に××人合格した」「○○学習塾では、こんなにも難しい勉強を教えている」といった非常に瞬間的、刹那的な情報に接し続けていると、「××さえすれば合格する」などという誤った考え方を持つようになってしまいます。

ボタンを押せば何かができ上がる、そういう「ワンタッチポン」の考え方が、体に染みついてしまうのです。

短期間で成功する方法なんてない

ダイエットのことばかり考えていると、非常に短絡的で「ワンタッチポン」的なうわさに踊らされてしまいます。

「トマトで楽してダイエット」などというわさ（嘘）が聞こえると、トマトサラダにトマトスープに、炒め物にもトマト、煮物にもトマト、とにかくトマトばかり食べ続ける。「一日一本のバナナで、我慢しないでダイエット」という宣伝（嘘）が流れると、翌日のスーパーの店頭からごっそりバナナが消えてしまう。

一体いくつの「××ダイエット」という方法が現れては消えていったでしょうか。これだけ多くのダイエット法が現れては消えていくのは、それらはみんな「効果がなかった」ということです。


しかしながら、ダイエットを確実なものにする方法は存在します。それは「食事の量を制限し、栄養のバランスをよくし、そして適度な運動をする」ことです。摂取カロリーを減らし、消費カロリーを増やせば、必ず体重は減ります。それは化学的、生理学的なことですから、まちがいなくダイエットに成功します。

お母さん方、嫌な気分になられましたか。嫌な気分になるのは、それが事実だからです。

人間、「できないこと」を「できていないでしょ」と指摘されても「ああそうですか」と、別に不愉快でもないし耳も痛くない。

でも、「できること」を「していないでしょ」と指摘されると、非常に気分が悪いものです。人間とはそういうものです。

ダイエットが成功する明らかな方法がわかっているにもかかわらず、でもそれは「ワンタッチポン」じゃないから、敬遠されるんですね。

勉強もそう。**ある部分については明らかに学力を向上させる方法があるのに、それは「ワンタッチポン」じゃないから、敬遠される。**

それはお母さんにとって、とても大変で面倒くさくってしんどい方法だから、お母さんはしたくない、って本当のことを言ったら、お叱りがくるでしょうか。

たとえば、算数の力を向上させるには、まず計算が速く正確にできなくてはなりません。そのためには、計算の訓練をすればいいのです。それだけのことです。

しかしそれは、学校でも進学塾でもしてくれない。外注するなら「公文式」や「そろばん塾」のようなところに通わせるほかはありません。

おうちでできること、おうちでしかできないことがある

計算の訓練など、実はおうちでできることです。100マス足し算など、さまざまな効率のよい方法もありますし、ただひたすら計算問題を解かせるだけで、計算は速くなります。

でも、その訓練をおうちでさせるためには、お母さんやお父さんなど、おうちの方の誰かに負担がかかるのです。

国語についても、先に述べましたように、音読をきちんとさせるだけで、かなり国語力が上がります。ダイエットのように化学的、生理学的なことではないので、「必ず」とは言えないのですが、私の経験から、かなりの確率で国語力を上げることができると確信しています。

暗記も訓練でできることです。そして、**おうちでやるしかない分野です。**でも小学生ぐらいでは、子ども一人で暗記はできない。ここでやはり親の手が必要になってきます。

「先生、うちの子は暗記をしないんです」「暗記が苦手な子なんです」。

違います。親がきちんと「暗記をさせていない」のです。

学校でも塾でも、授業に必要なものをちゃんと持ってこられない子どもがいます。「辞書忘れた」「コンパス忘れた」など、たまにしか必要としないものを持ってくるのを忘れたのなら、まだ許せます。

しかし、「教科書忘れた」「鉛筆忘れた」と言って、毎回の授業で絶対に必要なものさえ持ってこられない子どもがいます。ひどい場合は、「全部忘れた！」と、手ぶらで教室に来るんですね。

「キミ、いったい何しに塾に来てるの？」。笑い話ではなく、本当にある話です。

忘れ物をするのは誰の責任か。大人なら一義的にその本人の責任なのですが、小学生ぐらいまでの子どもの場合、ほとんどは親の責任です。小学生の高学年ぐらいになると、それも女子に限って、自分で自分の持ち物を準備してチェックして持っていけるようになる子も、少数はいます。

しかし小学校中学年以下で、自分の持ち物を自分で準備して自分でチェックして持っていける子は、女子でもほとんどいませんし、男子ならほぼ１００％ありません。男子は中学生でも何割かは無理です。

私もご多分にもれず、よく忘れ物をする子どもでした。ですから、家を出るときに、必ず「ハンカチ、はな紙（ちり紙）、給食袋、名札、帽子」と指差し点検をさせられていました。かばんや持ち物、着ていく服は、前日の晩に枕元に用意させられて、それができない限り就寝できないのでした。

そうしてきちんと親に管理してもらっていたおかげで、私は家から学校に持っていくものでの忘れ物は、ほとんどなかったと思います。ただし、学校から家へは、ほぼ毎日のように何かを忘れて帰ってきていましたが。

そんな私も、今ではまあ何とか社会人として忘れ物をせずに仕事をしているのですから、別に私がひどくマヌケな子どもだったというわけでもなかったと思います。小学生ならそれぐらい親がきちんと管理しないと、必要な持ち物をすべて忘れずに持っていくことなどできないのです。

小学生は、自分の持ち物を管理することなどできない。だから、忘れ物については、親の責任なのだと、私は断言しておきます。

必要なものを持っていかないと、授業に差し障るんですね。忘れ物をした分、どうしても勉強が遅れます。クラス全体にも迷惑をかけます。忘れ物をすること＝勉強が進まないことです。

進学に関する情報はあれだけ仕入れているのに、子どもの持ち物に関しては放置、放任。これでは決して学力はよく伸びません。

宿題もそうですね。宿題を忘れてくる子どもは伸びません。やらなければいけないことをやらずにいれば、その分学力に悪い影響があるのは当然でしょう。

もちろん、進学塾で出されるような無理な量、難しすぎる問題などについてはさせる必要はありませんが、学校などで出される当たり前の量、範囲についての宿題や課題がおうちできちんとできないのは、学習を進めるのに大きな障害となります。

「親の管理」は子どもの学力の「必要条件」である

小学生の段階で学力の高い子ども、基礎能力の高い子ども、また受験用の勉強を始めたらどんどんはかどる子どもは、総じて親の管理がきちんと行き届いている子どもです。
そういう子どもの特徴は、「計算が速くて正確である」「読書が好きである」「規則正しい生活をしている」「よい食事が与えられている」「テレビ、携帯電話など学習に害のあるものが、よく制限されている」「勉強の管理・チェックがなされている」「忘れ物をしない」「あいさつがきちんとできる」などなどです。

家にいるときはテレビが見放題だとか、かばんの中にいつもおやつが入っていて、いつもボリボリ、ボリボリ食べているとか、塾の帰りにコンビニの前でたむろしているだとか、そういう子どもは、概して基礎学力からして低いものです。これは親の責任です。

人間を成長させる、能力を伸ばすなどということは、とても大変な作業です。そしてそれは、さまざまな要素が入り交じった非常に複雑なものでもあり、スイッチを押したらポンとごはんが炊きあがる、などといったものではないのです。
だから、試行錯誤でもあり、あることをしたら必ず結果が出るものでもありません。それは子どもにとっても大変な作業ですが、それ以上に親にとって大変な作業です。

「学習環境」は「学力」の「必要条件」です。「親の管理」は「子どもの学力」の「必要条件」です。大変だからといって、「必要条件」を欠いてしまえば、子どもが伸びなくなるのは必然なのです。

自分（親）は何をしなければならないのか、今の自分（親）には何が欠けているのか。次のページにチェック表がありますので、どうぞ確認してみてください。

そして、お子さんをとりまく環境をよくチェックして、今何が必要で何が不要なのか、きちんと考え直してください。世間や巷のうわさに流されていると、どうしても足もとが疎かになりがちです。

脚下照顧。あれこれ外部に原因や言い訳を求める前に、ご自分の足もとをしっかりと確認していただきたいと思います。

親御さんにとって、それは最も大変なことなのですが、それがお子さんにとって最も重要なことなのだということ、そして世の中には「ワンタッチポン」などないのだということをご理解いただいて、お子さんのためにできるだけよい環境を与えていただきたいとお願いする次第です。

○親がすべきことチェック表

1　学習の管理

＊学校や塾で、今どの単元を習っているかの把握

＊宿題は何で、どのぐらいの量で、いつまでに提出しなければならないかの確認

＊ノートはきちんととれているかのチェック

　日付、ページ・単元の記入がなされているか

　字は丁寧か（うまい、へたではない）

　式、図表、考え方などが記されているか

　（算数の場合）筆算が残っているか

＊宿題や問題演習の○つけ

2　学習道具の管理

＊持ち物のチェック

　必要なものはそろっているか

　鉛筆は削れているか

ノートのページに余裕があるか
壊れているものはないか
学習に不要なものは持っていないか
＊学習プリント類の整理の確認
単元別、進度別に並んでいるか
抜けはないか
折れ曲がったり破れたりしていないか

3　生活習慣の管理
＊睡眠時間
＊食事
＊テレビ・ゲーム・携帯電話などの制限
＊勉強・遊び・スポーツなどの配分
＊読書の習慣づけ
＊あいさつ
＊机や個室の整理整頓

＊家事の手伝い
4　体調の管理
＊心の管理
＊体の管理
5　学習の補助
＊時間の管理
＊暗記や音読の手助け
＊計算、漢字など、日々の基礎学習
＊塾、家庭教師、通信指導などの選定
＊教材の選定
6　冷静な判断
＊うわさに左右されないで、よい学習方法を探す
＊子どもにとって、何が一番大切なのかを考える

付録

次の訓読みを知っていますか？

問 次の漢字の訓読みを、知っているだけ答えなさい。送りがなの必要なものは、送りがなもつけて答えましょう。

上（小1）：

空（小1）：

魚（小2）：

歩（小2）：

小学生で知っておきたい漢字の読み

い

1、幸い　2、幸せ　3、幸福　4、断つ　5、断る
6、断絶　7、重い　8、重ねる　9、重複
10、重箱　11、一重　12、丁重　13、着る　14、着く
15、到着　16、歩む　17、歩く　18、徒歩　19、散歩
20、日歩

ろ

1、好く　2、好む　3、好感　4、新しい
5、新た　6、新潟　7、新刊　8、生きる
9、生える　10、一生　11、平生　12、生たまご
13、往生　14、今生　15、生地　16、冷える
17、冷たい　18、冷凍　19、凍る　20、凍える

は

1、仰ぐ　2、仰せ　3、仰天　4、治す
5、治める　6、治安　7、治水　8、政治
9、負う　10、負ける　11、勝負　12、正負
13、干る　14、干す　15、干拓　16、苦しい
17、苦い　18、苦痛　19、古今東西　20、古今和歌集

に

1、閉じる　2、閉める　3、閉店　4、結ぶ
5、結う　6、結合　7、降りる　8、降る
9、降下　10、省みる　11、省く　12、反省
13、外務省　14、調べる　15、調える　16、調整
17、和らぐ　18、和む　19、和歌　20、日和

ほ

1、著す　2、著しい　3、著者　4、荒い
5、荒れる　6、荒天　7、並み　8、並ぶ
9、並列　10、群れる　11、群がる　12、群集
13、優しい　14、優れる　15、優勝　16、直す
17、直ちに　18、直角　19、直々　20、直ぐに

へ

1、下がる　2、下る　3、下りる　4、下手
5、下手　6、下手（4と5と6は違う読み）
7、下衆　8、上手　9、上手　10、上手（8と9と10は違う読み）　11、上下　12、上る　13、上がる
14、上っ面　15、面談　16、能の面　17、素面
18、元素　19、素人　20、素性

と

1、速い　2、速やか　3、早速　4、早急
5、早い　6、早春　7、早乙女　8、早稲
9、内側　10、内面　11、境内　12、内裏　13、脳裏
14、裏側　15、通る　16、通夜　17、通行
18、藤原頼通　19、封建　20、封筒

ち

1、図書　2、図る　3、図工　4、大工　5、工夫
6、万夫　7、夫と妻　8、夫妻　9、細い
10、細かい　11、細分　12、訪ねる　13、訪れる
14、訪問　15、試す　16、試みる　17、試験
18、割る　19、割く　20、分割

り

1、作る　2、作文　3、発作　4、作業　5、非業
6、生業　7、業人　8、兄弟　9、姉妹　10、兄妹
11、姉弟　12、鳥の羽　13、羽音　14、羽化
15、一羽　16、覚える　17、覚ます　18、感覚
19、文字　20、大字（住所・地名）

ぬ

1、風情　2、人情　3、人の情け　4、男性
5、人の性　6、性分　7、交じる　8、交わる
9、交差　10、映る　11、映える　12、映画
13、探る　14、探す　15、探検　16、床下
17、床の間　18、起床　19、拾う　20、拾得

る

1、発足　2、発車　3、発つ　4、出発
5、食べる　6、食う　7、食事　8、断食
9、納豆　10、納める　11、収納　12、収める
13、拍子　14、拍手　15、柏手　16、法律　17、法度
18、内法　19、団地　20、布団

を

1、解く　2、解散　3、解熱　4、修める
5、修学　6、修行　7、赤い　8、真っ赤
9、赤道　10、赤銅　11、昔話　12、今昔物語
13、昔日　14、小豆　15、小豆島　16、大豆
17、保留　18、留守　19、守護大名　20、守る

わ

1、供える　2、お供の者　3、供給　4、お供物
5、鳥の声　6、発声　7、声高　8、声色
9、清水　10、清水寺　11、清清しい　12、清か
13、祈願　14、祈る　15、折る　16、折半　17、主権
18、権化　19、手際　20、国際

か

1、殺す　2、殺人　3、相殺　4、強い　5、強力
6、強情　7、回る　8、回転　9、回向　10、成る
11、成功　12、成就　13、人の命　14、命日
15、寿命　16、反物　17、反発　18、反る　19、法律
20、律儀

よ

1、水の音　2、虫の音　3、福音　4、仮説
5、仮病　6、仮住まい　7、会社　8、会釈

9、単衣　10、賃貸　11、老若男女　12、貧乏
13、土産　14、行方　15、猛者　16、形相　17、功徳
18、木綿　19、精進　20、貪欲

た

1、次第　2、為替　3、荘厳　4、座右　5、遺言
6、安否　7、実施　8、組織　9、悪寒　10、懸念
11、看破　12、出納　13、至難　14、普請　15、最期
16、献立　17、雑言　18、推敲　19、流布　20、信仰

解答

次の訓読みを知っていますか？

上：うえ　うわ　かみ　あ・げる　あ・がる　のぼ・る　のぼ・せる　のぼ・す

空：そら　あ・く　あ・ける　から　（うつ・ろ）す・く　むな・しい

魚：さかな　うお　（とと）

歩：ある・く　あゆ・む

小学生で知っておきたい漢字の読み

い

1、さいわい　2、しあわせ　3、こうふく　4、たつ
5、ことわる　6、だんぜつ　7、おもい　8、かさねる
9、ちょうふく　10、じゅうばこ　11、ひとえ
12、ていちょう　13、きる　14、つく　15、とうちゃく
16、あゆむ　17、あるく　18、とほ　19、さんぽ　20、ひぶ

ろ

1、すく　2、このむ　3、こうかん　4、あたらしい
5、あらた　6、にいがた　7、しんかん　8、いきる
9、はえる　10、いっしょう　11、へいぜい
12、なまたまご　13、おうじょう　14、こんじょう
15、きじ　16、ひえる　17、つめたい　18、れいとう
19、こおる　20、こごえる

は

1、あおぐ　2、おおせ　3、ぎょうてん　4、なおす

5、おさめる　6、ちあん　7、ちすい　8、せいじ
9、おう　10、まける　11、しょうぶ　12、せいふ
13、ひる　14、ほす　15、かんたく　16、くるしい
17、にがい　18、くつう　19、ここんとうざい
20、こきんわかしゅう

に

1、とじる　2、しめる　3、へいてん　4、むすぶ
5、ゆう　6、けつごう　7、おりる　8、ふる
9、こうか　10、かえりみる　11、はぶく　12、はんせい
13、がいむしょう　14、しらべる　15、ととのえる
16、ちょうせい　17、やわらぐ　18、なごむ　19、わか
20、ひより

ほ

1、あらわす　2、いちじるしい　3、ちょしゃ
4、あらい　5、あれる　6、こうてん　7、なみ
8、ならぶ　9、へいれつ　10、むれる　11、むらがる
12、ぐんしゅう　13、やさしい　14、すぐれる
15、ゆうしょう　16、なおす　17、ただちに
18、ちょっかく　19、じきじき　20、すぐに

へ

1、さがる　2、くだる　3、おりる
4、5、6、へた、しもて、したて　7、げす
8、9、10、じょうず、かみて、うわて　11、じょうげ
12、のぼる　13、あがる　14、うわっつら　15、めんだん
16、のうのおもて　17、しらふ　18、げんそ　19、しろうと
20、すじょう

と

1、はやい　2、すみやか　3、さっそく
4、さっきゅう（そうきゅう）　5、はやい
6、そうしゅん　7、さおとめ　8、わせ　9、うちがわ
10、ないめん　11、けいだい　12、だいり　13、のうり
14、うらがわ　15、とおる　16、つや　17、つうこう
18、ふじわらのよりみち　19、ほうけん　20、ふうとう

ち

1、としょ 2、はかる 3、ずこう 4、だいく
5、くふう 6、ばんぷ 7、おっとつま
8、ふさい 9、ほそい 10、こまかい 11、さいぶん
12、たずねる 13、おとずれる 14、ほうもん 15、ためす
16、こころみる 17、しけん 18、わる 19、さく
20、ぶんかつ

り

1、つくる 2、さくぶん 3、ほっさ 4、さぎょう
5、ひごう 6、なりわい（せいぎょう） 7、わざびと
8、きょうだい 9、しまい 10、けいまい 11、してい
12、とりのはね 13、はおと 14、うか 15、いちわ
16、おぼえる 17、さます 18、かんかく 19、もじ
20、おおあざ

ぬ

1、ふぜい 2、にんじょう 3、ひとのなさけ
4、だんせい 5、ひとのさが 6、しょうぶん
7、まじる 8、まじわる 9、こうさ 10、うつる
11、はえる 12、えいが 13、さぐる 14、さがす
15、たんけん 16、ゆかした 17、とこのま 18、きしょう
19、ひろう 20、しゅうとく

る

1、ほっそく 2、はっしゃ 3、たつ 4、しゅっぱつ
5、たべる 6、くう 7、しょくじ 8、だんじき
9、なっとう 10、おさめる 11、しゅうのう
12、おさめる 13、ひょうし 14、はくしゅ 15、かしわで
16、ほうりつ 17、はっと 18、うちのり 19、だんち
20、ふとん

を

1、とく 2、かいさん 3、げねつ 4、おさめる
5、しゅうがく 6、しゅぎょう 7、あかい 8、まっか
9、せきどう 10、しゃくどう 11、むかしばなし
12、こんじゃくものがたり 13、せきじつ 14、あずき
15、しょうどしま 16、だいず 17、ほりゅう
18、るす 19、しゅごだいみょう 20、まもる

わ

1、そなえる　2、おとものもの　3、きょうきゅう
4、おくもつ　5、とりのこえ　6、はっせい
7、こわだか　8、こわいろ　9、しみず
10、きよみずでら　11、すがすがしい　12、さやか
13、きがん　14、いのる　15、おる　16、せっぱん
17、しゅけん　18、ごんげ　19、てぎわ　20、こくさい

か

1、ころす　2、さつじん　3、そうさい　4、つよい
5、きょうりょく（ごうりき）　6、ごうじょう
7、まわる　8、かいてん　9、えこう　10、なる
11、せいこう　12、じょうじゅ　13、ひとのいのち
14、めいにち　15、じゅみょう　16、たんもの
17、はんぱつ　18、そる　19、ほうりつ　20、りちぎ

よ

1、みずのおと　2、むしのね　3、ふくいん　4、かせつ
5、けびょう　6、かりずまい　7、かいしゃ
8、えしゃく　9、ひとえ　10、ちんたい
11、ろうにゃくなんにょ　12、びんぼう　13、みやげ
14、ゆくえ　15、もさ　16、ぎょうそう　17、くどく
18、もめん　19、しょうじん　20、どんよく

た

1、しだい　2、かわせ　3、そうごん　4、ざゆう
5、ゆいごん　6、あんぴ　7、じっし　8、そしき
9、おかん　10、けねん　11、かんぱ　12、すいとう
13、しなん　14、ふしん　15、さいご　16、こんだて
17、ぞうごん　18、すいこう　19、るふ　20、しんこう

推薦図書（学年は目安です）

小学低学年

「三月ひなのつき」石井桃子
「七つのぽけっと」あまんきみこ
「ぐりとぐら」シリーズ　中川李枝子
「さる・るるる」「みんなうんち」五味太郎
「だるまちゃん」シリーズ　「ははははのはなし」加古里子
「モモちゃん」シリーズ　松谷みよ子
「ちびくろ・さんぼ」バンナーマン
「エルマーのぼうけん」ガネット
「機関車トーマス」シリーズ　ウィルバート・オードリー
「ごんぎつね」新美南吉
昔話いろいろ「桃太郎」「浦島太郎」「こぶとりじいさん」
「花さかじいさん」「舌きりすずめ」など

小学中学年

「ノンちゃん雲に乗る」石井桃子
「わたしのいもうと」松谷みよ子
「車のいろは空のいろ」あまんきみこ
「おじいさんのランプ」新美南吉
「ながいながいペンギンの話」いぬいとみこ
「くまの子ウーフ」神沢利子
「王さま」シリーズ　寺村輝夫
「走れメロス」太宰治
「肥後の石工」「あるハンノキの話」今西祐行
「焼けあとの白鳥」「つりばしわたれ」長崎源之助
「夕鶴」木下順二
「蜘蛛の糸」芥川龍之介
「泣いた赤鬼」「むく鳥のゆめ」浜田広介
「宿題ひきうけ株式会社」古田足日
「ちょうちょむすび」今江祥智
「おばあさんの飛行機」佐藤さとる
「風の又三郎」「セロ弾きのゴーシュ」「注文の多い料理店」
宮沢賢治
「川は生きている」富山和子
「窓ぎわのトットちゃん」黒柳徹子
「岳物語」椎名誠

「柿の木のある家」壺井栄
「ベロ出しチョンマ」「モチモチの木」斎藤隆介
「風信器」大石真
「少年動物誌」河合雅雄
「善太三平物語」「魔法」坪田譲治
「銀色ラッコのなみだ」岡野薫子
「100万回生きたねこ」佐野洋子
「イソップ寓話」
「アラビアンナイト」
「スプーンおばさん」シリーズ　プリョイセン
「みにくいあひるの子」アンデルセン
「ヘンゼルとグレーテル」グリム兄弟
「ガリバー旅行記」スウィフト
「ロビンソン・クルーソー」ダニエル・デフォー
「宝島」スチーブンソン
「ピノッキオの冒険」コッローディ
「昆虫記」ファーブル
「動物記」シートン
「トム・ソーヤの冒険」「王様とこじき」マーク・トウェイン
「青い鳥」メーテルリンク

「小公子」「小公女」バーネット
「ハイジ」ヨハンナ・シュピリ
「赤毛のアン」モンゴメリ
「イワンのばか」トルストイ
「子鹿物語」ローリングス
「せむしの子馬」エルショーフ
「ドリトル先生」ロフティング
「ニルスのふしぎな旅」ラーゲルレーフ
「にんじん」ルナール
「みつばちマーヤの冒険」ボンゼルス
「足ながおじさん」ウェブスター
「森は生きている」マルシャーク
「クマのプーさん」ミルン
「長くつ下のピッピ」「名探偵カッレくん」リンドグレーン
「大どろぼうホッツェンプロッツ」プロイスラー
「ドン・キホーテ」セルバンテス
「ほら男爵の冒険」ビュルガー

小学高学年

「しろばんば」井上靖

「ビルマの竪琴」竹山道雄
「伊豆の踊子」「雪国」川端康成
「ぼんぼん」今江祥智
「坊っちゃん」「吾輩は猫である」夏目漱石
「魔術」「杜子春」「トロッコ」芥川龍之介
「赤いろうそくと人魚」小川未明
「銀河鉄道の夜」宮沢賢治
「次郎物語」下村湖人
「二十四の瞳」壺井栄
「耳なし芳一」小泉八雲
「山椒大夫」「高瀬舟」森鷗外
「一房の葡萄」有島武郎
「春を告げる鳥」宇野浩二
「清兵衛とひょうたん」志賀直哉
「コタンの口笛」石森延男
「片耳の大鹿」椋鳩十
「あるハンノキの話」「肥後の石工」今西祐行
「コロボックル」シリーズ　佐藤さとる
「春は馬車に乗って」横光利一
「高安犬物語」戸川幸夫

「怪人二十面相」江戸川乱歩
「フランダースの犬」ウィーダ
「クオレ〈愛の学校〉」デ・アミーチス
「アンクル・トムの小屋」ストウ夫人
「家なき子」エクトル・マロー
「ふたりのロッテ」「エミールと探偵たち」「飛ぶ教室」ケストナー
「三銃士」「モンテ・クリスト伯」「巌窟王」デュマ
「ジャン・クリストフ」ロマン・ロラン
「アルセーヌ・ルパン」シリーズ　モーリス・ルブラン
「シャーロック・ホームズ」シリーズ　コナン・ドイル
「不思議の国のアリス」ルイス・キャロル
「モモ」「はてしない物語」ミヒャエル・エンデ
「ああ無情〈レ・ミゼラブル〉」ビクトル・ユゴー
「海底二万マイル」「十五少年漂流記」ベルヌ
「西遊記」呉承恩
「若草物語」オルコット
「最後の一葉」O・ヘンリー
「荒野の呼び声」ジャック・ロンドン

中学校

「たけくらべ」「にごりえ」樋口一葉
「檸檬」梶井基次郎
「吾輩は猫である」夏目漱石
「竹取物語」
「羅生門」「鼻」芥川龍之介
「海と毒薬」遠藤周作
「路傍の石」「真実一路」山本有三
「黒い雨」「山椒魚」井伏鱒二
「生れ出づる悩み」有島武郎
「ブランコのむこうで」星新一
「金閣寺」「潮騒」三島由紀夫
「三四郎」夏目漱石
「裸の王様」開高健
「虚構の家」「落葉の声」曾野綾子
「山月記」中島敦
「友情」「愛と死」武者小路実篤
「野菊の墓」伊藤左千夫
「宿題」安岡章太郎
「さぶ」山本周五郎
「風立ちぬ」堀辰雄
「雨月物語」上田秋成
「どくとるマンボウ」シリーズ　北杜夫
「江分利満氏」シリーズ　山口瞳
「ブンとフン」井上ひさし
「父の詫び状」向田邦子
「三国志」羅貫中
「水滸伝」
「コン・ティキ号探険記」ヘイエルダール
「ナルニア国ものがたり」C・S・ルイス
「指輪物語」トールキン
「ゲド戦記」グウィン
「最後の授業」ドーデ
「ジェーン・エア」「嵐が丘」ブロンテ
「老人と海」ヘミングウェイ
「月と六ペンス」モーム
「阿Q正伝」魯迅
「オリエント急行殺人事件」アガサ・クリスティー
「Xの悲劇」エラリー・クイーン

「黒猫」エドガー・アラン・ポー

高校以上

「青い山脈」「若い人」石坂洋次郎
「敦煌」「天平の甍」井上靖
「こころ」夏目漱石
「金色夜叉」尾崎紅葉
「蟹工船」小林多喜二
「武蔵野」国木田独歩
「パリ燃ゆ」大佛次郎
「野火」大岡昇平
「暗夜行路」志賀直哉
「蒲団」「田舎教師」田山花袋
「当世書生気質」坪内逍遥
「ふらんす物語」永井荷風
「螢川」「泥の河」宮本輝
「原色の街」吉行淳之介
「浮雲」二葉亭四迷
「宮本武蔵」吉川英治
「源氏物語」紫式部
「枕草子」清少納言
「更級日記」菅原孝標女
「徒然草」吉田兼好
「土佐日記」紀貫之
「方丈記」鴨長明
「豊饒の海」三島由紀夫
「雁の寺」水上勉
「完本 文語文」山本夏彦
「武蔵野」国木田独歩
「忍ぶ川」三浦哲郎
「七瀬ふたたび」筒井康隆
「砂の女」安部公房
「八つ墓村」横溝正史
「学問のすゝめ」「福翁自伝」福沢諭吉
「日本的霊性」鈴木大拙
「きけ わだつみのこえ」
「余は如何にして基督信徒となりし乎」内村鑑三
「家郷の訓」宮本常一
「武家の女性」山川菊栄
「私の國語教室」福田恆存

「桜もさよならも日本語」丸谷才一
「国家の品格」藤原正彦
「宗教原論」「数学を使わない数学の講義」小室直樹
「英文法の謎を解く」「属国・日本論」副島隆彦
「氷点」三浦綾子
「女坂」円地文子
「黒い裾」幸田文
「論理の構造」「ブッダのことば」中村元
「『ガン呪縛』を解く」稲田芳弘
「教室の悪魔　見えない『いじめ』を解決するために」山脇由貴子
「人生の鍛錬―小林秀雄の言葉」
「青春について」亀井勝一郎
「人形の家」イプセン
「変身」カフカ
「異邦人」カミュ
「車輪の下」ヘッセ
「ファウスト」「若きウェルテルの悩み」ゲーテ
「どん底」ゴーリキイ
「はつ恋」ツルゲーネフ
「二都物語」「クリスマス・キャロル」ディケンズ
「戦争と平和」トルストイ
「武器よさらば」ヘミングウェイ
「モルグ街の殺人事件」エドガー・アラン・ポー
「女の一生」モーパッサン
「狂人日記」魯迅
「ホロン革命」アーサー・ケストラー

知っておきたい詩歌（「作品名〈詩集名〉」作者名）

「道程〈道程〉」「あどけない話〈智恵子抄〉」高村光太郎
「雨ニモマケズ」「永訣の朝〈春と修羅　第一集〉」宮沢賢治
「お魚〈童話〉」金子みすゞ
「椰子の実〈落梅集〉」「小諸なる古城のほとり〈落梅集〉」島崎藤村
「荒城の月〈天地有情〉」土井晩翠
「汽車に乗って〈幼年〉」丸山薫
「告別〈氷島〉」萩原朔太郎
「小景異情　その二〈抒情小曲集〉」室生犀星
「雲〈雲〉」山村暮鳥

「薔薇二曲〈白金之独楽〉」「待ちぼうけ〈日本の詩歌　別巻〉」
「からたちの花〈白秋詩集〉」北原白秋
「汚れつちまつた悲しみに……〈山羊の歌〉」中原中也
「ああ大和にしあらましかば〈白羊宮〉」薄田泣菫
「雪〈測量船〉」三好達治
「おれも眠らう〈第百階級〉」草野心平
「二十億光年の孤独〈二十億光年の孤独〉」谷川俊太郎
「虫の夢〈春　少女に〉」大岡信
「表札〈表札など〉」石垣りん
「水ヲ下サイ〈原民喜詩集〉」原民喜
「仮繃帯所にて〈原爆詩集〉」峠三吉
「君死にたまふことなかれ〈与謝野晶子全集9〉」与謝野晶子
「自分の感受性くらい〈自分の感受性くらい〉」茨木のり子
「偶成」朱熹
「春暁」孟浩然
「絶句」杜甫
「桃夭」
「黄鶴楼送孟浩然之広陵」李白
「酔いどれ船」アルチュール・ランボー
「ローレライ」ハインリッヒ・ハイネ
「野ばら」ヨハン・ヴォルフガング・フォン・ゲーテ

知っておきたい唱歌

「花」武島羽衣
「みかんの花咲く丘」加藤省吾
「故郷」「日の丸の旗」「紅葉」高野辰之
「赤とんぼ」三木露風
「夏は来ぬ」佐佐木信綱
「赤い靴」「七つの子」「シャボン玉」野口雨情
「あめふり」「待ちぼうけ」北原白秋
「サッちゃん」阪田寛夫
「ウミ」林柳波
「金糸雀」西條八十
「靴が鳴る」「叱られて」清水かつら
「早春賦」吉丸一昌
「春よ来い」相馬御風
「椰子の実」島崎藤村
「里の秋」斎藤信夫

「ちいさい秋みつけた」サトウハチロー
「月の沙漠」加藤まさを
「浜辺の歌」林古渓
「夕焼小焼」中村雨紅
「旅愁」犬童球渓
「一月一日」千家尊福
「お正月」東くめ
「母さんの歌」窪田聡
「たきび」巽聖歌
「ふじの山」巌谷小波
「かたつむり」「鳩」「人形」「雪」「茶摘」「村祭」「汽車」「村の鍛冶屋」「冬景色」「仰げば尊し」「海」文部省唱歌

あとがき

本書では、進学塾の教え方や「長切問題」中心の問題集がいかに害悪が大きいかということ、「ワンタッチポン」で答えが出るような方法は国語には存在しないことを、かなり詳細にご説明できたと思います。また、国語力を高める方法について、前著『国語力のある子どもに育てる3つのルールと3つの方法』より、さらに具体的に明確にご提示できたと思いますが、いかがでしたか？

世の中は激変しています。世界の覇権構造は、ガラガラと音を立てて崩れています。新しい構造が確立するまで、20年、30年にわたって不安定な世界情勢が続くのでしょう。海の縁辺、陸の縁辺、その狭間に位置する日本は、どうしてもそういう世界情勢に翻弄されることになります。

読解力とは、誤解を恐れずにいえば、「情報を読み取り、分析する能力」のことです。

文章を読んで、そこに書かれている情報をできるだけ正確に、詳細に読み取り、そして考える力が読解力です。

読解力が高いということは、新聞を読んで、またニュースを見て、社会の様子を見て、人の表情を見て、そこからより正確に、より詳細な情報を手に入れられるということです。また、自分の考え、思想、ひらめきなどを、誰にも分かるように表現する能力が記述力です。人を説得するのも、記述力。数学の証明問題はもちろん、数式だけでその思考の過程を表すのに必要なのも、やはり記述力です。

数学が得意な人も頭のよい人だし、暗記力の優れた人も頭のよい人です。実は、音楽のできる人も絵の上手な人もスポーツの得意な人も、人間の活動の司令塔は「脳」なのだから、すべて頭のよい人なのだといえます。

人には個性があり、人それぞれがさまざまな分野でさまざまな能力を発揮することで、世の中はうまくバランスが取れているのでしょう。

その中で、個人がうまく生きていくうえでどうしても必要なのが、情報収集・分析の能力および表現の能力だと、私は考えています。読解力が情報収集・分析の能力で、記述力が表現の能力ならば、**読解力と記述力とを合わせた国語力こそがすべての能力の基礎となる重要な力です**。

百年、二百年のスパンで歴史を見たときに、現代は、おそらく非常に激動の時代であったと、後に判断されるでしょう。そういう時代に生きられるということは、歴史に対する興味という点からは大変幸せなことです。

しかし、物価は上がり、仕事は少なく、そのわずかな仕事も給与は低く、人の生活という観点からは、はなはだ厳しい時代であることも、否めない事実です。

そういう厳しい時代を生き抜いていくためには、高度な情報を収集し分析する力＝「読解力」が求められることになります。そして、それを表現し形にする記述力が不可欠となります。

つまり、**社会の情勢を読んで、これからの時代をうまく生き抜くことができるかどうかは、国語力にかかっているのだ**、と私は主張します。

私が本書で証明したとおり、国語力の要素は論理的思考力だけではありません。論理的思考力に加えて、想像力であり、経験であり、感受性であり、そういったさまざまな能力が集まって、国語力という大きな力を構成しています。

これらの力は、やはり「ワンタッチポン」ではどうにもならないものです。長い時間をかけて、コツコツと養うほかありません。「こうすればすぐに国語力が上がる」なんて方法は、やはりないのです。


この激動の時代を生き抜いていくためには、日々の国語力の訓練が必要となります。そこで、たとえ目先の受験のためだとはいえ、誤っても「国語は論理だけで解ける」「国語力を上げるには『長文切り抜き問題』をさせることだ」などという甘言に振り回されてはいけません。

それらによって、確かに国語力を構成するさまざまな能力の中の小さい一部分を上げることはできるかもしれません。一瞬だけ、目先の試験の点数を上げることができるかもしれません。

しかし、**人生に必要な本物の国語力は、「長切問題」では決して身につかないのです。**

私は、自己の利益や名誉のためにではなく、将来の社会を担う今の子どもたちのために、本当のことをどうしても伝えたいという気持ちを強く持っていました。その内容を著したのが本書です。

いくら本当のことでも正しいことでも、どれだけ世の中に必要なことでも、それを伝えるメディアがなければ、広く知られることはありません。

この私の、突然の企画を快く受け入れてくださったディスカヴァー・トゥエンティワンの干場弓子社長には、深く感謝する次第です。また、『名作ドリル』に引き続きご担当いただいた編集部の三谷祐一さん、大変お世話になりました。

そして、病の中、ベッドから起き上がることさえままならない日々、私の執筆をいつも笑顔で励ましてくれた妻・博子には、いつもありがとう、と一言伝えたいと思います。

「受験国語」害悪論

発行日　2015年2月20日　第1刷

Author　水島 醉

Book Designer　石間 淳

Publication　株式会社ディスカヴァー・トゥエンティワン
〒102-0093　東京都千代田区平河町2-16-1　平河町森タワー11F
TEL　03-3237-8321（代表）
FAX 03-3237-8323
http://www.d21.co.jp

Publisher　干場弓子
Editor　三谷祐一

Marketing Group
Staff　小田孝文　中澤泰宏　片平美恵子　吉澤道子　井筒浩　小関勝則
千葉潤子　飯田智樹　佐藤昌幸　谷口奈緒美　山中麻吏　西川なつか
古矢薫　伊藤利文　米山健一　原大士　郭迪　松原史与志　蛯原昇
中山大祐　林拓馬　安永智洋　鍋田匠伴　榊原僚　佐竹祐哉　塔下太朗
廣内悠理　安達情未　伊東佑真　梅本翔太　奥田千晶　田中姫菜
橋本莉奈
Assistant Staff　俵敬子　町田加奈子　丸山香織　小林里美　井澤徳子　橋詰悠子
藤井多穂子　藤井かおり　葛目美枝子　竹内恵子　熊谷芳美　清水有基
小松里絵　川井栄子　伊藤由美　伊藤香　阿部薫　松田惟吹　常徳すみ

Operation Group
Staff　松尾幸政　田中亜紀　中村郁子　福永友紀　山﨑あゆみ　杉田彰子

Productive Group
Staff　藤田浩芳　千葉正幸　原典宏　林秀樹　石塚理恵子　石橋和佳　大山聡子
大竹朝子　堀部直人　井上慎平　松石悠　木下智尋　伍佳妮　張俊崴

Proofreader　鷗来堂
DTP　朝日メディアインターナショナル株式会社
Printing　日経印刷株式会社

ISBN978-4-7993-1638-2

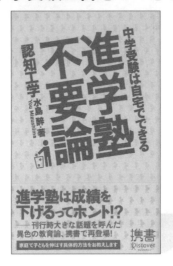

ディスカヴァーの**教育書**

これだけは実践したい、最もベーシックなこと

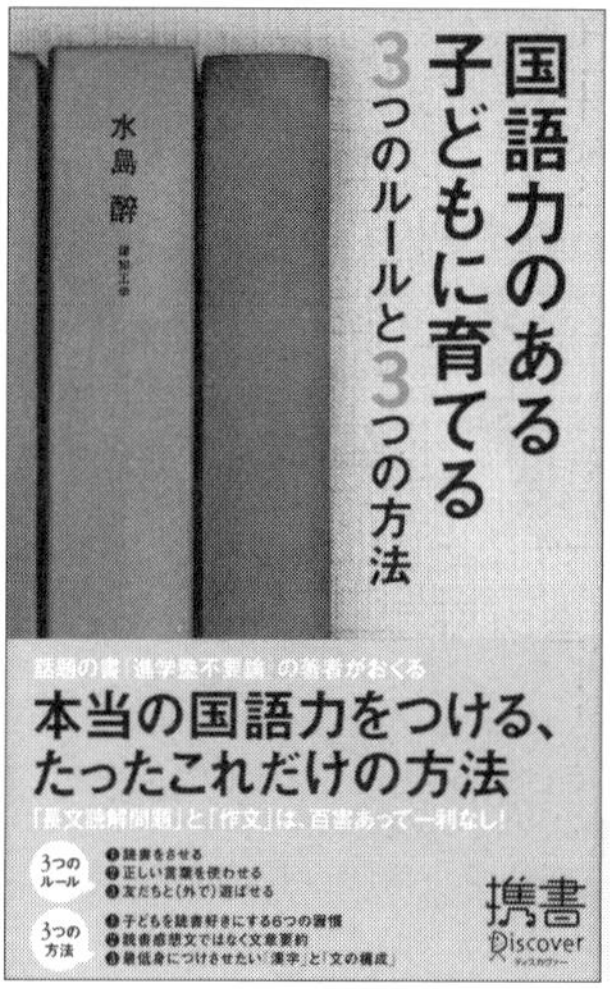

国語力のある子どもに育てる 3つのルールと3つの方法

水島　醉

「読書をさせる」「正しい言葉を使わせる」「友達と遊ばせる」など、国語力を伸ばすために本当に必要なことが分かります。

本体価格 1000円

＊お近くの書店にない場合は小社サイト（http://www.d21.co.jp）やオンライン書店（アマゾン、楽天ブックス、ブックサービス、honto、セブンネットショッピングほか）にてお求めください。挟み込みの愛読者カードやお電話でもご注文いただけます。03-3237-8321㈹